起業よりも簡単！ 独立できて低リスク

サラリーマンが
オーナー社長になるための

企業買収完全ガイド

個人M&Aで小さな会社を買う！

三戸政和

MITO Masakazu

M&A for Small Business

ダイヤモンド社

はじめに

「このままサラリーマンを続けていいのだろうか」

この本を手に取ったあなたは、きっとサラリーマンで、自分の将来についてこんな漠たる不安を抱いているのではないでしょうか。

私は『サラリーマンは300万円で小さな会社を買いなさい』（講談社＋α新書）という本で、サラリーマンに「小さな会社を買う」という道があることを示しました。

かいつまんで内容を説明すると、日本経済の土台である中小企業の4分の1、およそ100万社もの会社がいま後継者を求めていること、そうした中小企業を誰かが引き継がないと日本経済は大きなダメージを受けること、中小企業はサラリーマンでも手の届く値段で買えること、長年続いてきた中小企業を経営するのはサラリーマンでも十分可能なこと、会社を買うことで「資本家」の人生を歩めることなどを示しました。

そして「みんなで会社を買おう」と呼び掛けました。

その反響は予想以上で、NHKの「クローズアップ現代」をはじめ、テレビや雑誌などさまざまなメディアで取り上げられることになりました。私のツイッターにも多くの感想が寄せられ、私自身、手応えを感じました。

その後、私は2冊の本を上梓《じょうし》することもできました。続編の『サラリーマンは300万円で小さな会社を買いなさい　会計編』（講談社＋α新書）では、会社を買ったり経営したりするための会計的な知識についてまとめました。

『資本家マインドセット』（幻冬舎）では、サラリーマンは幕末の侍のように滅び行く存在なので、サラリーマンは辞めて、会社を買って「資本家」として生きていこうと提唱し、そのための心構えをまとめました。

そして今回の本は、**「小さな会社を買う」ための実践的なノウハウ**です。会社を買うためには実際に何をすればいいのか、そのすべてを開陳しています。

つまり、サラリーマンとしての将来に不安を抱きつつも、「起業はムリだよな。でも三戸とかいうやつが会社を買って経営者になれると言っているぞ。そんなことができたらいいけど、実際に何をすればいいのかなあ」と思っているあなたのための本です。

小さな会社を買うという**「個人M&A」**はどんなプロセスで進めていくのか、それぞれのプロセスでは何をすればいいのか、会社をどうやって探し、どう値段をつけるのか、交渉ではどんなことに気をつけるのか、それぞれの段階ではどんな契約書が必要で、何に気をつけて作るのか、どんな知識が必要なのかなどなど、かゆいところに手が届く内容になっています。

私の主催するコミュニティサロン「サラリーマンが300万円で小さな会社を買うサロン」のメンバーにも協力をしてもらいました。サロンは開始から1年が過ぎ、メンバーは各業界のサラリーマンはもちろん、弁護士、会計士、税理士、中小企業診断士などの専門家も参加していて、その数は200人を超えています。

会社を買って経営者になった人が何人もいますし、残念ながら失敗した人もいます。中には買った会社をバリューアップして売却した人まで出てきました。

この1年半、会社を買うために行動した彼らの実例から、ノウハウに結びつくものをご紹介したいと思います。

たしかに会社を買うことにはリスクはあります。ただ、これからの時代、サラリーマンという立場にこれまでと同じような安定が見込めるとは思えません。安定の代名詞だった銀行がどんどん人を減らしています。すでに潮目は変わっているのです。

サラリーマンであることもリスク、会社を買うこともリスクなら、そのリスクとリターン（メリット）の比較衡量をしてみればいい。本書を読めば、会社を買うことのメリットがわかってくるでしょう。

サロンメンバーのほとんどはサラリーマンをしながら個人M&Aを進めています。サロンのモットーは**「Just Do It」――行動あるのみ**です。とにかく行動をして、買いたい会社を探して交渉を進め、最後に、本当にリスクを取って会社を買うのかどうかを決める。それでいいと思います。

2017年5月に講談社のネットメディア「現代ビジネス」で「大廃業時代を救うには、サラリーマンが会社を買えばいい」と提言して間もなくは、サラリーマン（個人）が会社を買えるわけがないと非難轟々《ごうごう》の嵐でした。そのような批判に反論すべく書籍の刊行を重ね、サロンを開設していくことで、実際にサラリーマンが会社を買う流れができ上がりました。この間、国も「第三者承継支援総合パッケージ」なるものを発表し、「ベンチャー型事業承継枠」といった個人が会社を買うことを前提とした補助金まで準備することになりました。

転職（就職）や起業とは別の「会社を買う」という私が示したもうひとつの道。この道を歩むための方法はこの本でくっきりとわかるはずです。これまでの私の本で「会社を買う」ことを考え始めたみなさんが、**この本を片手に「行動」を始める**ことを願っています。

サラリーマンがオーナー社長になるための
企業買収完全ガイド

目次

第2章　買収計画を立てよう

第3章　ここが大事！　買収案件の発掘方法（ソーシング）

第4章 情報収集から基本合意まで

第5章 M&A実行フェーズ① 本格的デューデリジェンス

第6章　M&A実行フェーズ②　事業計画から最終合意契約まで

Q&A 質問に答えます

第1章 会社を買う前にまず知っておくこと

M&Aには覚悟が必要

会社はモノではありません。法的にも会社は「法人」と呼ばれるように、「ヒト」同然の扱いを受けます。何より、**会社のオーナーさんにとって、自分の会社は息子や娘のような存在**です。

会社を立ち上げ、足下のおぼつかないよちよち歩きの頃は、四六時中、目を離すことができなかったでしょう。成長の過程ではトラブルに見舞われたり、壁にぶつかったりしたこともあったはずです。会社とは、まさに手塩にかけながら育て、自分もともに成長してきた、そんな存在なのです。

ですから、**中小企業のM&Aや事業承継はよく結婚にたとえられます**。M&Aで会社を譲り受ける側の私たちは、オーナーさんの子どもと結婚するのと同じです。つまり、M&Aに挑もうとする私たちには、ある人が命懸けで育ててきたものを引き受ける、それくらいの覚悟や気づかいが必要なのです。これをビジネスライクに「会社を買う」というスタンスでオーナーさんと話を進めていくと、どこかで感情のすれ違いが生まれます。表現の仕方としても「会社を譲り受けさせてもらう」という言い方で進めるほうがいいでしょう。

M&Aのプロセスを結婚にたとえると①　お付き合いを始めるまで

M&Aはそれ自体が大仕事なので、どうしてもM&Aをすることが「目的」化してしまいがちです。すると、一番大切なM&A後の会社経営までを考えることがおろそかになってしまいます。あくまでM&Aは買い手にとって事業を新たに起こすための「手段」ですので、**会社を買ったあとの経営統合（PMI**：Post Merger Integration）を考えた上で進めなければいけません。イメージしやすくするために、M&Aは結婚と同然ですから、M&Aの流れについて、結婚にたとえながら見ていきましょう。

結婚をしたいと思ったら、私たちは「こんな人と結婚したい」「こんな結婚生活にしたい」と想像します。M&Aも同じです。M&Aでも最初に、「どんな会社を買って、どんな経営をしていきたいか」「自分はどのくらいのお金を出せるのか」などを考えます。それが**「買収計画」作りのプロセス**です。

そして結婚では希望に合う人を探します。結婚相手探しには、友人、同僚、親戚などいろいろな伝手《つて》を頼るでしょう。最近では結婚情報サービスもありますね。私たちはこれらのさまざまな方法を使って、多くの人と知り合おうとします。これは、多くの人のプロフィールを手に入れるということです。

M&Aでも同様に、いろいろな伝手を使って、できるだけ多くの会社のプロフィールを手に入れます。これが**買いたい会社を探す「ソーシング」というプロセス**です。

次が、**多くのプロフィールを絞り込むプロセス**です。よさそうな人をピックアップして、より詳しいプロフィールをもらって検討します。これをM&Aでは**「初期デューデリジェンス」**といいます。

デューデリジェンスはM&Aでよく使われる専門用語で、対象の会社のビジネスや資産価値について調べる作業のことを指します。略して**デューデリ（DD）**ともいいます。

M&Aでは、ソーシングやデューデリジェンスなど、一般的には馴染《なじ》みのない言葉が出てきます。ある程度の専門的な用語を知っておかないと、オーナーからは買い手として信頼できないと判断されてしまい、自分の手塩にかけた会社を譲りたくないと思われる可能性が出てきます。また、M&A仲介の人からも、買収案件を本当に買ってくれるか信用できないと思われ、買収案件を紹介してくれなくなる可能性が出てきます。よって、M&Aで常識的に使われている言葉については、意味を説明しながら使っていきますので、覚えるようにしてください。

初期デューデリでは、詳細なプロフィールを見て、その会社に「本当に買う価値があるのか」を調べます。そして、たしかに価値がありそうだとなれば、**売り手側と「基本合意契約（基本合意書）」を結びます**。

この基本合意契約が、交際を申し込んで、お付き合いをする約束にあたります。

M&Aのプロセスを結婚にたとえると② お付き合いを始めてから

基本合意契約を結んだら、いよいよM&Aの実行フェーズです。ここでは**「本格的デューデリジェンス」**や**「事業計画作り」**などを行います。

M&Aの実行フェーズは、結婚でいうと、結婚を前提にお付き合いをするプロセスです。お付き合いをすることで、相手の人となりに触れ、性格や考え方などを知ります。もし結婚したら、どんな家庭にしたいか、子どもは欲しいかといった話もするでしょう。さらに、結婚後、生活費はどう分担するのか、家事は誰が担うのかなど、将来の生活設計についても話し合います。

M&Aも同様です。**本格的デューデリジェンス**で詳細な資料をもらったり、オーナーにインタビューをしたりして、より詳しく会社のことを調べていきます。その会社にはどれくらいの利益を上げられる力があるのか、リスクはないのか、その会社にいくらの価値があるかなどを調べます。

さらに会社を買ったら、どのような経営をするのかについて、**事業計画**にまとめます。同時に、会社を買うための**資金調達**をする必要もあります。

要するに、この実行フェーズで、「本当に結婚をしたいのか」**「本当にこの会社を買うの**

M&Aのプロセス

買取計画	買収計画の策定／案件の発掘
▼	
初期DD	守秘義務／意向表明／基本合意
▼	
実行	本格的DD／事業計画／バリュエーション
▼	
クロージング	条件交渉／最終合意
▼	
PMI	買収後の経営統合（Post Merger Integration）
▼	
売却	売却（基本的には買収と同様の動き）

か」の判断をするわけです。

そこで合意ができれば、結婚では、婚姻届に署名、捺印《なついん》して、晴れて結婚です。M&Aでは最後の契約書作り、**「クロージング」**の作業に移り、細かな条件を契約書にまとめます。その契約書に捺印し、売買代金のやりとりを経て、晴れてM&Aの成立となります。

「買ったあとのこと」を考えて買おう

この段階で会社の権利は移り、会社を買ったことになります。しかし、M&Aはここで終わりではありません。M&Aではこのあとのプロセスがとても大事なのです。

このあとのプロセスとは、**会社を買ったあとの経営（買収後の経営統合＝PMI）**

のプロセスと、**会社をバリューアップして売却するというプロセス**です。

まだM&Aをしていないのに買収後のプロセスがなぜ大事かというと、**買収後のことをイメージしておいたほうがよりよいM&Aができる**からです。

当然ですが、会社を買ったら、その瞬間から会社の経営が始まります。経営は事前に作った「事業計画」に沿って進められるので、事業計画には、会社を買った瞬間からどんなふうに動かしていくのかを示さなくてはいけません。

つまり、**事業計画は**、会社を「買うため」の計画ではなく、**買ったあとの「経営のため」の計画**なのです。いざ経営を始めようとしたとき、事業計画が「使える」ものになっているようにするためにも、**買収後の経営の具体的なイメージを持っておく必要がある**のです。

さらに事業計画作りでは、会社のことを調べるデューデリジェンスと並行しながら進められますから、デューデリの動き方も変わります。相手側との交渉にも影響を与えるでしょう。

私が運営する経営塾「サラリーマンが300万円で小さな会社を買うサロン（DMMオンラインサロン）」では、残念ながら、事業を買ったあとの経営がうまくいかず、数カ月で売却を余儀なくされた方が一人いました。その方の失敗は、事業買収後の事業計画に甘さがありました。買ったあとの売上見込みを精緻に検証しておらず、楽観的に判断してしまったことで、すぐに資金繰りに行き詰まってしまったのです。もし買収前に精緻な事業計画を作っておけば、買収金額と自分のお財布事情を考えて、買わないという判断ができたかもしれませんし、買収後に運転資本が必要なのであれば、その金額をオーナーへ合理的に明示することで、その分、買収価格を引き下げ、運転資本に充てることができたかもしれません。このように、買収後の経営のイメージを持つのと持たないのでは、買収前の行動に大きな差が出てくるのです。

会社は必ず終わる

Ｍ＆Ａを考えている会社について、いずれは**売却することも想定しておきましょう**。これは、会社を売って儲けたいという人だけでなく、会社をずっと経営していくつもりだという人も同様です。

会社を売って儲けたいと考えていない人まで、なぜ売却を考える必要があるのか。それは、**会社というものは、必ず「終わる」**からです。

「終わる」というのは、経営者はいずれ年齢や病気などの理由によって、経営から退く時期が来るということです。しかし、中小企業の経営者の多くは、自分にそんなときが来ることを考えようとはしません。「会社は終わらない」と思っているのです。

一方、サラリーマンには定年退職という終わりが設定されています。そのため、サラリーマンは定年後の身の振り方について強制的に考えざるをえません。

会社の経営者にはその終わりが設定されていません。社会のルールとして、「経営者が70歳になったら退任」というような終わりの設定があれば、経営者は、それまでに後継者を育成したり、別会社に引き継いだりといった、終わりに向けた準備をするでしょう。

しかし、その終わりの設定がないために、経営者は「もうちょっとできるだろう」「準備はもう少し先でいいだろう」と先送りをしてしまいます。だからいま、多くの中小企業が後継者不足に悩み、大廃業時代という社会問題が起きているのです。

人はみな老います。経営者はいずれ、会社の経営から退かなくてはなりません。会社は必ず終わるのです。ですから、この本を読んで会社を買う人たちは、会社の終わりを決めて、その終わりで会社をどうするつもりなのかを考えた上で、会社を買ってほしいのです。

会社探しから売却までがM&A

たとえば、あなたがネット系の企業でウェブコンサルティングをやっているとしたら、ウェブ系のノウハウが売りになるので、ウェブに弱い会社を探して買えば、そのノウハウを導入できるでしょう。将来は、ウェブ系のノウハウが欲しいところに売却が見込めます。ただし、会社を売ろうとしたときには、あなたの持つノウハウはすでにコモディティ化していて、たいして高く売れないかもしれません。会社を買ったあとの「会社の終わり」まで考えておけば、そうした市場の流れや時間軸も想定することになるでしょう。

つまり、自分は**「会社にどういう付加価値をつけられて、どういう買い手に買ってもらえるか」**を考えておけば、「どんな経営をすればいいのか」「そもそもどんな会社を探せばいいのか」が見えてきます。

M&Aのプロセスは、**会社探しから売却までがひとつながり**なのです。

会社を買うのも、結婚も、買ったら終わり、結婚したら終わりではありません。買ったあとの経営、結婚したあとの生活がどうなるのか、その終わりまでイメージして、相手と話し合い、交渉をしておけば、買収後の経営、結婚後の生活はうまくいくでしょう。

つまり、会社の終わりを考えておくことが、よりよい会社の買い方につながるのです。

事例1 会社を買おうと動き出した人たち

30代、40代が中心

「サラリーマンは小さな会社を買いなさい」と呼び掛けた手前、実際に集まる場も作っておこうと始めたのが、経営塾であり、コミュニティサロンの「サラリーマンが３００万円で小さな会社を買うサロン」です。

開講は２０１８年９月。１年半が過ぎて、メンバーは２００人を超えました。

アンケートによると、メンバーの平均年齢は40・８歳。世代構成は、40代がもっとも多く39・２％、次いで30代が35・１％、続いて50代の14・９％となっています。

年齢層の中心は30代、40代で、私の想定よりも若い人が動き始めていることに驚きました。

男女比は、男性94・６％、女性５・４％です。女性は少ないですが、参加している女性は非常にアクティブだと感じています。

居住エリアは関東が58・１％とやはり多く、続いて近畿18・９％、東海・北陸９・５％、中国・四国５・４％、九州・沖縄が５・４％などとなっています。回答のある限りではありますが、なぜか東北から北の参加者が少ない状況です。

仕事はサラリーマンが62・２％、経営者・役員が18・９％、会社オーナーが９・５％、フリー・個人事業主が６・８％となっています。

職種は多岐にわたっています。経営、企画、営業、総務はもちろん、研究職、編集系の人もいます。専門職では、弁護士、公認会計士、税理士、中小企業診断士、宅地建物取引士などが参加しています。業種もメーカーから、銀行、商社、ＩＴ、マスコミ、サービス、公務員などさまざまです。

私はこのサロンに、いろいろな専門スキルを持った人たちが集まることで、それぞれが持つものを共有し合って、会社を買うことにつなげていければよいと考えていましたが、1年半やってみて、その夢が現実となりました。最近では、サロン内のメンバーで共同買収をして、共同経営を始める人たちも出てきました。中小企業の「買収」から「経営」というテーマにまで広がりが生まれ、中小企業を経営する同志たちが集う場となってきています。

未経験だが会社を買いたい

アンケートによると、メンバーの87・7%はM&A未経験者です。私の本でM&Aに興味を持ったという人がほとんどで、中には「三戸さんの本で会社を買うという概念を知った」という人も少なからずいました。

今後については、81・1%が会社を買う意向だと答えています。

会社を買う時期については、「すぐにでも」が31・1%、「1年以内」が35・1%、「2~3年以内」が29・7%でした。

実に約95%が3年以内に会社を買いたいと考えています。

サロンに集まった人たちはいわゆるファーストペンギンです。ファーストペンギンとは、集団から抜け出し、魚を求めて最初に海に飛び込む勇敢なペンギンのことです。

M&Aのプレイヤーたちからは、私の本をきっかけに、M&Aをめぐる状況が変わってきたという話をよく聞きます。M&Aマッチングサイトの登録者数が急激に伸びた、事業承継支援センターへの問い合わせが増えたなど、さまざまな変化が出てきているようです。

その動き始めた人たちの中でも、先頭を走っているのがサロンのメンバーだと私は思っています。

実際、メンバーの中には、すでに会社を買った人が何人も出てきています。ファーストペンギンはリスクを恐れず、どんどん海に飛び込んでいるのです。

予算はどれくらいか

メンバーたちの会社を買う予算はどれくらいでしょうか。

もっとも多いのが「500万~1000万円未満」で29・7%。「1000万~2000万円未満」もほぼ変わらずの27%でした。続いて「200万~500万円未満」の16・2%となっています。

高額の予算を考えているメンバーもけっこういて、「2000万~5000万円未満」が8・1%、「5000万円以上」も6・8%いました。

メンバーたちの平均の予算は「1412万円」でした。

私が題名にした「300万円」は、「サラリーマンでも会社を買える」ということをイメージさせるためのものでしたが、サラリーマンがリスクを取っていける額として、「1412万円」というのはリアルな数字だと思います。

ここにいたから会社を買えた

あるメンバーが言っていたことですが、これまでは「会社を買いたい」という話を同僚や友達にしても、ほとんど共感してもらえなかったそうです。でも、このサロンはそうではありません。このサロンに集まっているメンバーはみな、「会社を買う」という同じ目的を持っています。

この発言をしたメンバーはすでに会社を買ったうちのひとりですが、会社を買えた理由に、「同じ目的を持つ仲間が周りにいたことが大きかった」と話していました。

サロンでは、メンバーたちが情報を交換したり、勉強会などを開いたりして、切磋《せっさ》琢磨《たくま》し合っています。こうした場で、会社を買うためのスキルやノウハウ、情報を得ることも大事です。ですが、それ以上に、メンバー同士でモチベーションを高め合ったり、励まし合ったりできる部分にも、私は大きな価値があると思っています。

事業承継のトキワ荘に

このサロンを事業承継界のトキワ荘にしたい。私はそう考えています。

トキワ荘とは、手塚治虫をはじめ、藤子不二雄、石ノ森章太郎、赤塚不二夫など、日本のマンガ界を切り開いた作家たちが青春期を過ごした場所です。

この1年でサロンには、会社を買った人が次々と生まれました。会社を買ったものの、残念ながら失敗した人もいますが、買った会社をバリューアップさせて売却し、キャピタルゲインを得た人もいます。

彼らの経験はサロンで報告され、メンバーに共有されます。そして、その経験を吸収したメンバーがまた会社を買うプロセスに挑戦して、その経験をほかのメンバーに伝えていきます。

このようにしてサロンには、事業承継に関わる経験がどんどん蓄積されています。そして、その中から次々と新たな知識やノウハウ、人材が生まれてくるのです。私自身、いままで気づくことのなかった情報やノウハウもありました。

つまり、このサロンには、事業承継に必要な知識やノウハウ、人材が自然と生まれてくる、いわば「生態系」ができつつあるのです。

これからも多くのメンバーが、どんどん会社を買うでしょう。中には複数の中小企業を所有して、株式上場に乗り出す人も出てくるかもしれません。

将来的に私は、このサロンを、会社を買ったメンバーたちがゆるやかにつながり、いまと同じように情報やノウハウを共有し、協力をしながら、中小企業をめぐる経営環境を改善していく、そんな存在にしていきたいと考えています。

この本は、そんなサロンメンバーの全面協力を受けて作られています。メンバーたちが会社を買うために、奮闘した経験、実際の現場で感じたことを、M&Aのプロセスに即して、実例として章ごとにご紹介しようと思います。

第2章 買収計画を立てよう

買収計画の策定①　定性判断――「好き」が大事

では、小さな会社を買うための一歩目を踏み出しましょう。最初の一歩は、**「買収計画作り」**です。「どんな会社を買うか」を考えて、その計画を立てます。

そのためのアプローチは2つあります。

ひとつは数値化できない部分を判断する**「定性判断」**で、もうひとつが数値で判断する**「定量判断」**です。この2つの物差しを使って、自分がどんな会社を買いたいか、どんな会社を買うべきかを考えていきましょう。

定性判断では3つの円を想定します。

「好きなことを好きな人と好きなようにやる」
「得意な業界」
「得意な地域」

これらの3つの円が重なる部分に近い会社を選んでいこうというのが定性判断です。

3つの円のうち、もっとも大事なのが**「好きなことを好きな人と好きなようにやる」**という円です。

買収計画の策定

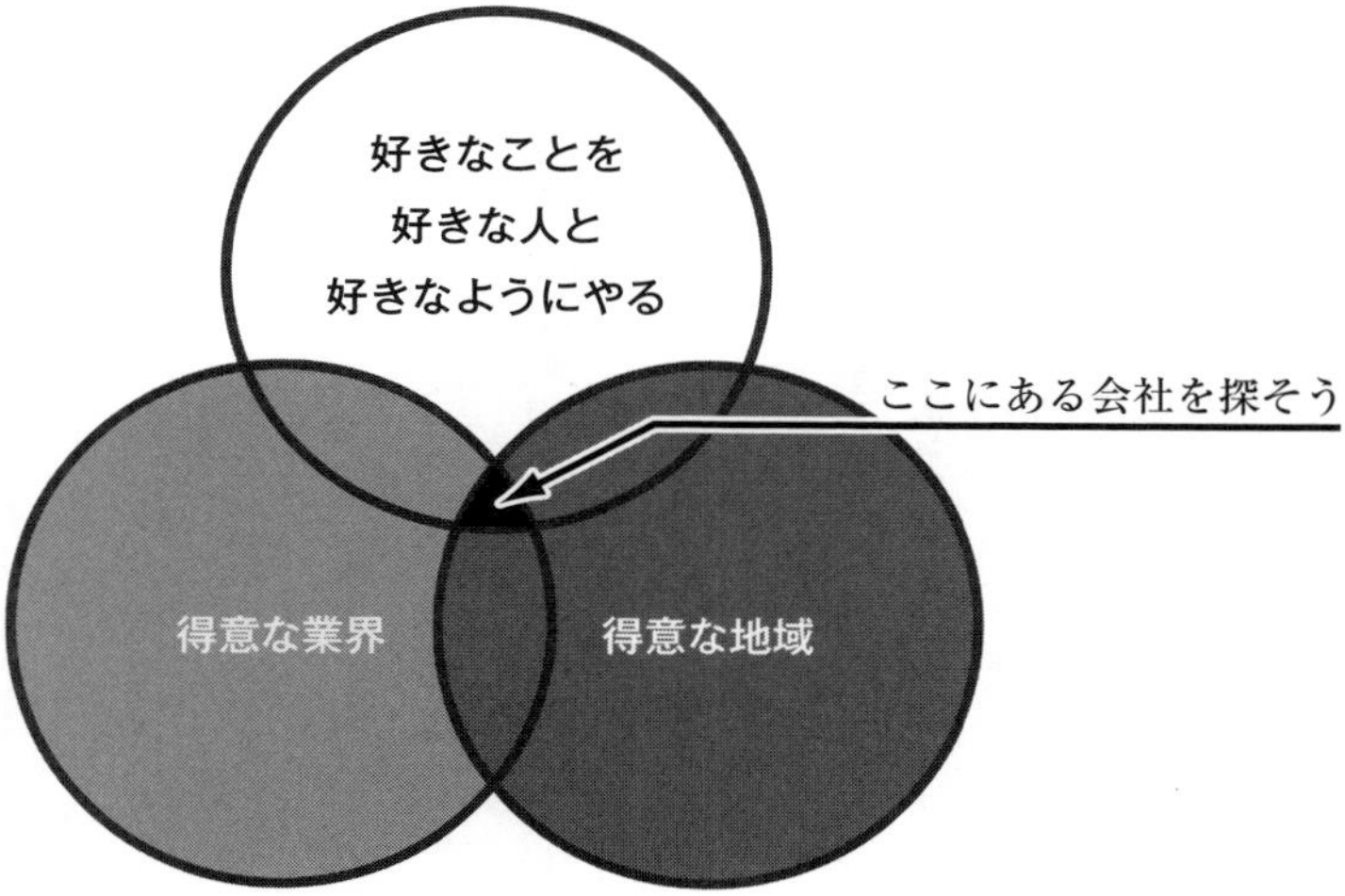

会社の経営はうまくいくとは限りません。思い通りにいかないことや、トラブルが起きることもあるでしょう。みなさんがそういうピンチに陥ったとき、「好きなことを好きな人と好きなようにやる」環境にいたとしたらどうでしょうか。簡単にあきらめずに、「もうちょっと頑張ってみよう」と、もうひと踏ん張りできるのではないでしょうか。

新しい事業を立ち上げる起業においては、ピボットといって、事業を少しずつ変えながら、当たる事業を探るプロセスがあります。このピボットの途中で挫《くじ》けてしまう起業家を、私は何人も見てきました。その彼らに共通するのが、**その事業や仲間が「好き」ではなかった**という点です。

個人M&Aは、長年続いている会社を買

うので、ゼロから起業するよりはトラブルは少ないですが、それでも経営をすればさまざまなトラブルが起きますし、それが続けば心も折れそうになります。それでも心を折らずに、成功するまで粘り強くやり続けられるかどうかは、その仕事が「好き」か、仕事の仲間や環境が「好き」かにかかってきます。だからこそ、「好きなことを好きな人と好きなようにやる」円がもっとも大事になるのです。

買収計画の策定② 定性判断――「得意」も大事

定性判断では、この「好き」の円に加えて、「得意な業界」と「得意な地域」という円を合わせて考えます。

得意な業界の会社を買えば、そのビジネスに関する数字がわかるでしょうし、**これまで培ってきた人脈も使えます**。身に付けたスキルや経験など、**自分の持つメリットを発揮しやすい**でしょう。

得意な地域では、地の利を使えます。経営を始めれば、会社内部だけでなく会社の外でも動くことになりますから、当然、知っている地域は有利です。また、中小企業の経営に関係する団体として、それぞれの自治体レベルで「商工会議所」や「商工会」「青年会議所」といったものがあります。地元であれば、伝手をたどれば、そのような団体に所属している人が見つかったりして、地域で商売を行うためのコミュニティに入りやすくなったりもします。もちろん、伝手がなく、ドアノックで入っていくこともできますので、絶対条件ということではありません。

いま、UターンやIターンをして、地元や田舎で会社を買いたいという人が増えています。私のサロンでも地元に戻るための手段として会社を買うという選択肢を作り、実際に地元企業を買って、奮闘しているメンバーがいます。Uターンなら地の利が生かせますが、Iターンの場合はそうはいきません。まったく知らない土地というのは多少の不利にはなるでしょう。ただ、その土地のことをまだ知らなくても、「この地域がいい」「ここが好きだな」と思えれば、地域のことを積極的に調べたりするので、その不利をカバーすることは十分できると思います。

このように買収対象の会社が、「好き」「得意業界」「得意地域」の3つの円の中で、どのあたりにポイントされるかを考えることが定性判断になります。買収候補の会社をそれぞれ3つの円に示してみて、どの会社を買うべきかを考えていくわけです。**3つの円の中心に近いほど**（「好き」「得意業界」「得意地域」に重複して該当する会社ほど）、**成功の可能性が高い会社**になります。

買収計画の策定③　定量判断――「数字」で考えよう

続いて**「定量判断」**の考え方です。定量判断は、数字で判断するため、簡単な計算が必要になります。

会社を買うときには、その会社の財務データを手に入れます。その数字を使って計算をして、その会社を買うときの**最大リスクはいくらになるのか**、**投資の回収時期はいつ頃になるか**、その**会社を売却すればどのくらいのリターンが見込めるか**を、数字（金額）で出してみるのです。その精度は得られるデータの量で変わってきますが、基本的な財務データが得られれば、大まかな数字は見えてきます。

グラフを作るとわかりやすいでしょう。グラフはこんなイメージです。縦軸が投資金額で、投資する前から投資活動に関する費用が出ていったり、実際に投資実行をすると投資金額が出ていきます。投資金額と投資活動に関する費用を企業（売却）価値が上回った時点で投資回収となり、それ以上に生まれる金額を**キャピタルゲイン（株式売却益）**といいます。

株式（会社）を売却しなくても、毎年の株式配当などで回収することもあります。この場合、投資金額のプラスで計算します。

一方で、資金繰りが悪化して、追加で会社に資金を入れないといけないこともありえます。その場合は投資金額のマイナスです。

買収計画の策定「定量判断」

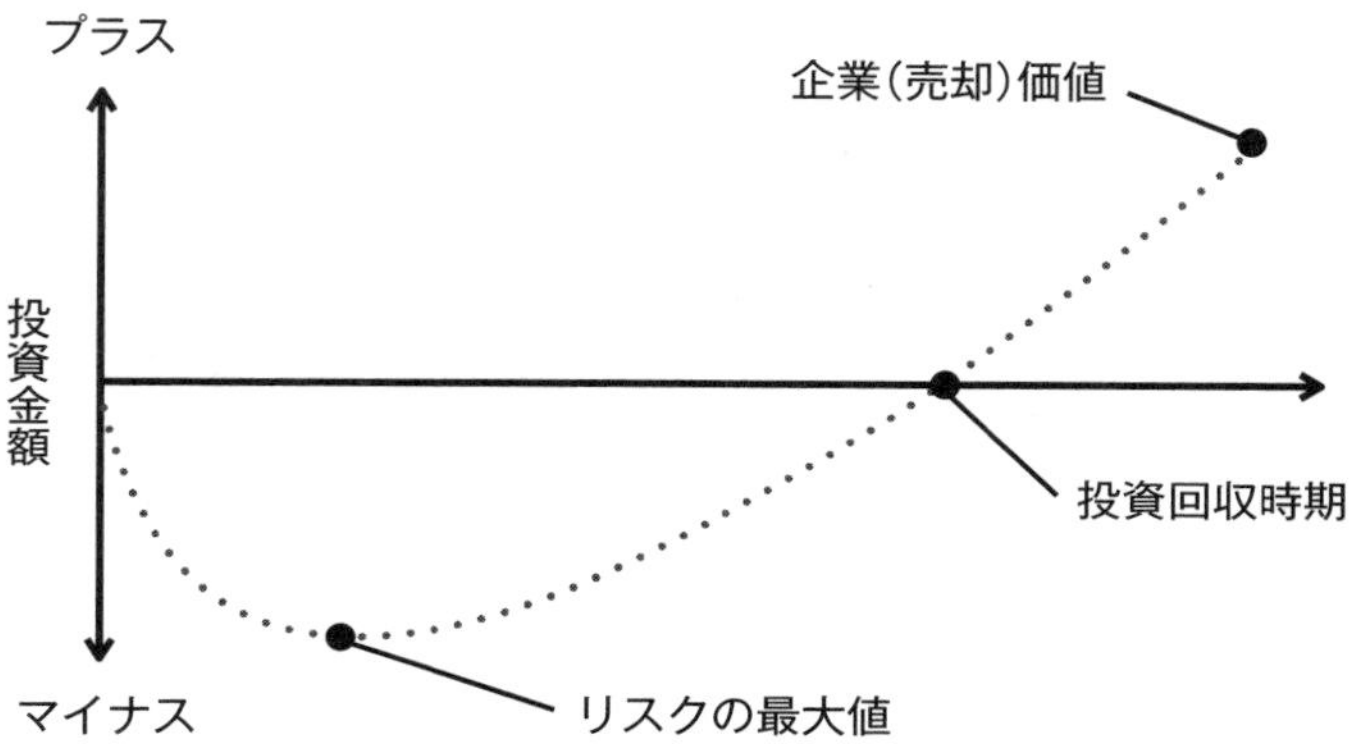

横軸は、時間の経過です。後述しますが、キャピタルゲインが大きくても、**「投資回収時期」**が遅ければ投資としては失敗と判断されることがあります。投資金額がプラスになることと同様に、投資回収の時期が早いということが大切です。

つまり、**金額と時間**です。どのくらいで買って、いつ、どのくらいで売れるのかを判断するのが定量判断になります。

大枠をつかめればいい

定量判断で考える際に知っておいてほしいのが**ＩＲＲ（内部収益率）**の概念です。

専門用語が一気に出てきて、いきなり挫けそうになる人がいるかもしれませんが、この本で説明するのは、個人Ｍ＆Ａのために最低限必要な知識です。できるだけわかりやすく説明しますので、頑張ってついてきてください。

ＩＲＲは投資判断の目安としてよく使われます。**その数値が高ければ高いほど、その会社への投資価値が高い**と考えることができます。

ざっくりと言えば、**ＩＲＲは利回りと同じ**です。たとえば銀行に預けたお金が1年でどのくらい増えるかを表す割合が利回りですから、難しくないでしょう。

ただ、一応、留保を付けさせてください。私はいつも、ＩＲＲは利回りと同じだと説明するのですが、これをツイッターなどでつぶやくと、すぐにそれは違うというリツイートが殺到するからです。

正確にはＩＲＲと利回りはイコールではありません。でも、**ニアリーイコール**です。ＩＲＲを説明するためには、「正味現在価値」とか「割引率」など、わかりにくい考え方を理解していかなくてはいけません。会計士という立場なら、それらは区別して然《しか》るべきですが、みなさんが目指しているのは経営者です。会社を買うためや経営のためには、ＩＲＲを利回りと同じと捉えても、なんら差し支えありません。

こういう概念や知識は、精密さよりも**使えるかどうかが大事**です。概念や知識を使うためには、大枠さえつかんでおけば十分です。みなさんは、ＩＲＲを解説できるようになる必要はありませんし、ＩＲＲを導き出す公式を覚える必要もありません。いまは便利なことに、エクセルに数字を入れればＩＲＲは簡単に出てきます。

それでも精密さが必要という人は専門書を読むなり、専門家から学ぶなりしてください。ただ、こうした概念や知識は、実際の現場でどこまで使えて、どこまでの理解が必要なのかを併せて学ぶことが大事です。それをこの本では、私の経験から示していきます。この本で示すレベルまで押さえておけば、Ｍ＆Ａや経営の現場では間違いなく使えるはずです。専門家に言わせれば「厳密には違う」ところもあるかもしれませんが、実際に私は、中小企業へ投資する投資ファンドの代表として、投資家にレポートを出す際や、弁護士や会計士、税理士などへ指示を出す場合に、この本で説明するくらいの知識しか日常的に使っていません。

ということで、ＩＲＲは利回りと同じということで説明を続けます。

お金は時間がたてば増えるもの

定量判断では、お金を時間軸とともに考えます。実はこれは、金融の世界では当たり前の考え方です。どういうことかというと、**「いまもらえる１００万円」と「来年もらえる１００万円」は同じ価値ではない**と考えるからです。

金融の世界では、お金は時間がたてばたつほど増えるものと考えます。この例でいうと、

買収計画の策定「定量判断」

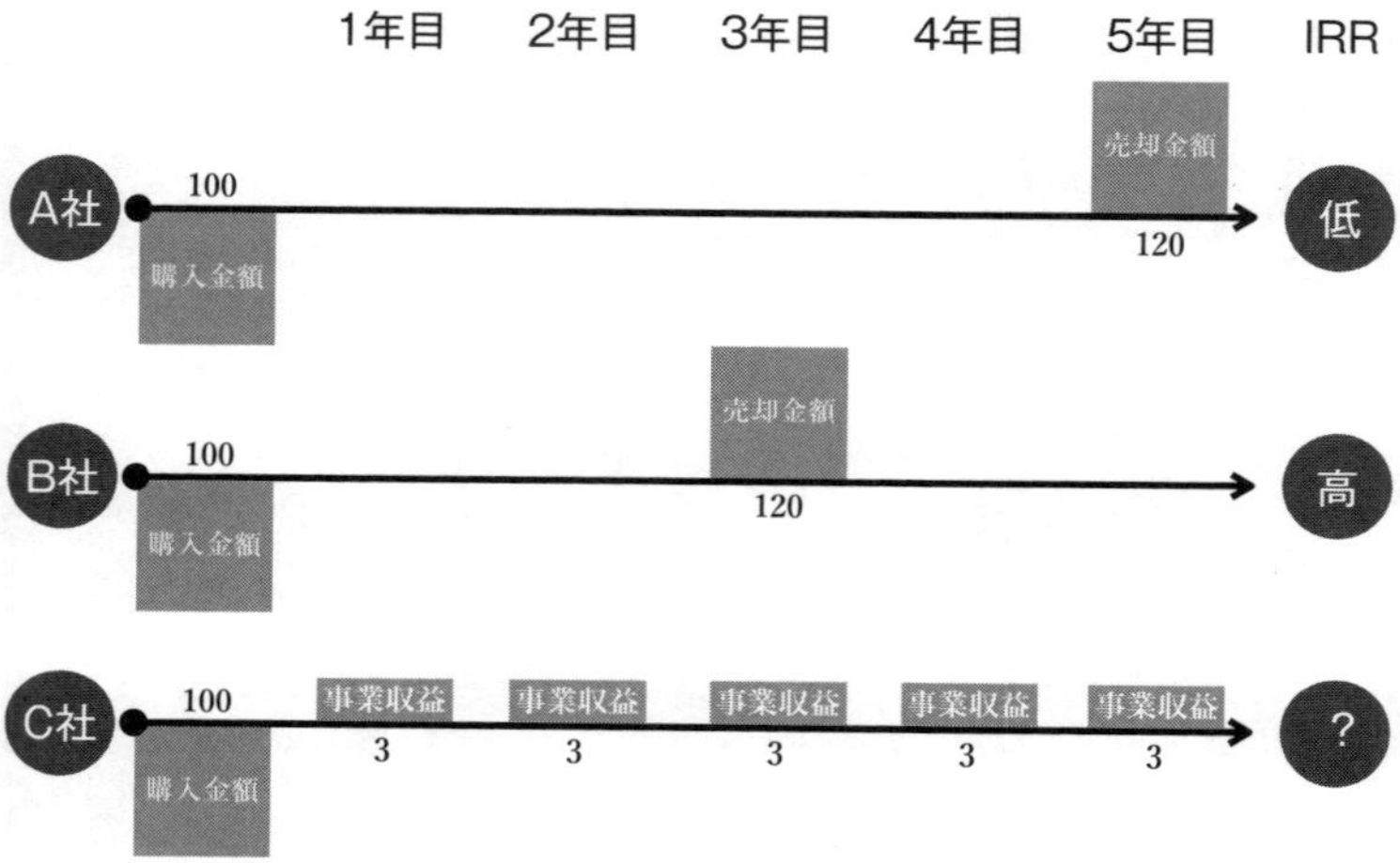

いま１００万円もらえれば、それを何かに投資して1年の間に価値を増やすことができると考えるわけです。ですから「来年もらえる１００万円」より「いまもらえる１００万円」のほうが価値が高くなるのです。

逆に考えれば、「来年もらえる１００万円」は「いまもらえる１００万円」よりも価値が低いことになります。ということは、「来年もらえる１００万円」を現在の価値で測る場合は、１００万円よりも割り引いて、たとえば98万円くらいの価値として考えるということです。

こうしたお金と時間軸の考え方を基本にして、その投資が**1年間でどのくらいの利回りを得られるのかを計算して数値で表したのがIRR**です。

例題で考えてみましょう。M&Aの候補

としてA社、B社、C社の3社があるとします。いずれの会社も100で買えて、将来に売却するときは同じ120で売れます。違うのは、売れる時期です。

では、A社が売れるのは5年後、B社は3年後だったとすると、どちらの会社を買ったほうが投資価値は高いでしょうか。

手に入るのは同じ120ですが、手に入る時期が違いますね。「3年後の120」と「5年後の120」を比べるわけですが、お金と時間軸の考え方によれば、120がより早く手に入るB社のほうが投資価値は高くなります。

このケースでIRRを計算すると、B社のほうが高い数値になるわけです。

一方、C社は売らないで、毎年3ずつ利益が積み上がっていくとします。すると、5年後のC社の価値は115になります。A社は5年後に売れて120を手にできますから、5年後の時点で考えると、A社は120、C社が115なので、投資価値としてはA社が上です（IRRで計算しても、A社の場合は、年間3・7％ほどの利回りになります。一方、毎年の収益が3しか出ない＝3％ほどの利回りにしかならないC社は投資価値が低いと判断されます）。ここでは、わかりやすくするためにA社の事業収益とC社のキャピタルゲインについては考えません。

ただしC社は、その後も利益が積み上がっていきます。となると、将来的に得られる利益（年間の事業収益が3よりも大きくなった場合など）を含めて考えれば、C社の投資価値がA社を上回ることがあるかもしれません。

このようなときに、IRRの計算では、C社の所有期間に応じた数値を出すことができます。それで、5年目に売却するA社の数値と比べて、どちらの投資価値が高いかを判断するわけです。

IRRについては、このくらいを理解しておけば十分でしょう。要するに、IRRは金融商品の利回りと同じだということがわかったと思います。

大枠として、この程度を押さえておき、実際の投資判断の際は、IRRを計算して数字を比べる作業になります。金融商品を選ぶときに利回りの高いものを選ぶように、投資でも**IRRの高いほうを選ぶ**のが基本です。

ちなみに普通のファンドでは、IRR8〜15%くらいが通常の水準です。孫正義さんのソフトバンク・ビジョン・ファンドは、最近でこそ少し躓《つまず》きがありましたが、それまではIRR65%くらいだったそうです。超弩級《どきゅう》のすごさですが、それと比べてはいけません。みなさんのような**個人M&Aでは、IRR10%くらいで十分よい投資**といえるでしょう。

小さなM&Aでボガイは心配ない

定性判断と定量判断という2つのアプローチから、買いたい会社が絞れてきました。ここでは、会社を買う際の最大のリスクについて考えてみましょう。

個人M&Aのリスクというと、多くの人が指摘したり心配したりするのが**「簿外債務」**です。「素人が会社なんて買ったら、簿外債務が出てきて借金まみれになる」「ボガイが危険だ」などとよく言われますが、それに対する私の答えは、**「簿外債務はそれほど大きな問題にはなりません」**というものです。

簿外債務とは、帳簿（財務諸表）に載っていない、帳簿外の負債です。帳簿に載っている負債については把握できますが、隠されていたりして、買収時にはわからなかった負債が、買ったあとに発覚し、想定以上の負担を強いられるというのが、簿外債務の問題です。

たしかにデューデリでも見つけられなかったり、専門家でも見抜けなかったりする債務が出てくるケースがないとは言えません。それでも簿外債務は、いわゆる業界人が言うほど大きな問題にはなりにくいというのは、みなさんのような**小さなM&Aに限ってのこと**です。みなさんが扱うようなM&Aでは、そういうことはあまり起こらないのです。

M&Aでは実際、騙そうと近づいてくる人もいますから、私たちファンドのレベルでは、会計士や弁護士を入れて簿外債務が隠されていないかをしっかりとチェックしますし、契約条件でもリスクヘッジをすることは当然行っています。

しかし、みなさんが買う対象とする会社は、従業員数人程度の小さな会社です。そういう会社では簿外債務のありかはたいてい想定できます。ですから、デューデリでのチェックはそれほど難しくありません。もちろん、リスクがゼロなわけではありませんので、小さな会社を買う際に発生しうる簿外債務については、本書の末尾にあるQ&Aコーナーのコメントをご参照ください。

何より、みなさんの行うM&Aは、**売り手側のオーナーと心と心を通わせて行うもの**です。騙し騙されるというイメージではありません。

もし、売り手のオーナーに信用が置けないとか、「なんか嘘をついてそうだな」と思ったら、そのM&Aを進めてはいけません。人と付き合うのと同じで、「この人とはやれる」「この人なら信頼できる」という感覚で進めるものなのです。つまり**個人M&Aは、売り手のオーナーと買い手のみなさんとの二人三脚であり、お互いの信頼関係なくしては成立しない**ものなのです。通常のM&Aとは違って、信頼関係を築きながら実行していく類いのものですし、それが構築できないのであれば、できるまで時間をかけていけばいいのです。デューデリジェンスにコストをかけられないときは、自分が会社の役員や顧問などの形で入っていけば、だいたいのことは理解できます。

だから、簿外債務はあまり問題にはなりません。元のオーナーさんと心を通わせて進めたM&Aで、買収後に、簿外債務がボコボコ出てくることなんてありえないと思いませんか。

もし個人M&Aにおいて、そんなことがあるとしたら、そのM&Aは、相手としっかりとコミュニケーションを取らず、不十分な形で進めてしまったものではないでしょうか。

個人M&Aは結婚と同じです。しっかりと相手と向き合い、相手のことを理解した上でないと進めてはいけないのです。

私が、「簿外債務は心配するな」と極端な主張をするのには、もうひとつの理由があります。これまでの日本においては、大・中堅企業のM&Aが多く行われてきました。ここに精通した人たちが、いわゆるM&Aの専門家です。一方で、中小企業を通り越して、零細企業のM&Aは、最近活発になってきたところです。小さな会社を買うことに手慣れている人は、そんなに多くありません。大企業のM&Aの専門家から見れば、簿外債務を徹底的に把握して、そのリスクを買収価格に反映すべきだと主張することでしょう。しかし、小さな会社を買うのに、**簿外債務を把握するコストは、発生するであろうリスク額や投資額に見合わないことが多い**のです。

100億円の投資をするときに、5000万円（投資額の0・5%）のDD費用を出し、数億円の簿外債務を回避するのは合理的な判断ですが、300万円の投資をするときに、50万円（投資額の17%：最低このくらいかかります）のDD費用を出すのは非合理的です。300万円の投資で発生するであろう簿外債務は、出ても数十万円くらいでしょう。さらに言えば、許容しえない簿外債務であれば、極論的には会社を清算すれば300万円の投資損で終わることができます。次項にありますが、株式投資は有限責任だからです。

M&Aの専門家からすれば、簿外債務は大きな論点になりますが、大きな会社の買い方と小さな会社の買い方は違います。大企業の事業推進の方法とベンチャー企業との違いに近いかもしれません。小さな会社を買うレベルでは、小さな投資額（リスク）であることから、ある程度大雑把に物事を進めていかないと、コストが先行して前に進みません。ベンチャー的な戦い方も必要となる小さな会社を買うプロセスでは、簿外債務は腰が引けるほどの大きな論点ではないということをお伝えしたいと思っているのです。

株主は有限責任

前述の通り、簿外債務を恐れる必要がない理由はもうひとつあります。

簿外債務が見つかったとしても、その債務を返済しなければならないのはあくまでも会社です。会社の債務をあなた個人が支払う必要はありません。それは、あなたがその会社の100％の株主（オーナー）であったとしても同じです。それが**「株主の有限責任の原則」**です。

たとえば、あなたが200を出して会社を買ったとします。その会社に500の簿外債務が出たとしても、株主であるあなたにその500の返済が回ってくることはありません。

この場合、500の簿外債務の返済ができなくなって会社が潰れれば、200で買った株の価値はゼロになりますが、それだけのことです。株主の有限責任の原則の下では、**最**

大限のリスクは買った株の金額分になるわけです。

もちろん、簿外債務が出てきては困るので、事前のチェックをして回避するに越したことはありません。ですが、私は以上述べた理由から、簿外債務のリスクは冷静かつ合理的に判断できると考えています。

要するに、**簿外債務を必要以上に恐れることはない**のです。むやみに簿外債務を騒ぎ立てる人は、小さな会社を買うという個人M&Aの実情を理解していない「自称専門家」にすぎません。そういう人たちの言葉には惑わされないようにしましょう。

個人保証はどうするか

ただし、**あなたが会社の債務に対する個人保証を引き受けた場合は、気をつける必要があります**。簿外債務についてたいていはチェックできるとはいえ、完全とは言い切れません。想定しえない簿外債務が出てくることもあります。

会社への融資にオーナーが個人保証をしている場合、簿外債務が発覚し、会社が支払えば、それはオーナーの生活を直撃する大問題になります。簿外債務によって会社の資金繰りがおかしくなり、会社が借金を返せなくなれば、連帯保証をしているオーナー個人に借金返済の義務が回ってくるからです。そして、会社の倒産とともにオーナー個人も自己破産に陥るという、よく聞く話と同じにもなりかねません。

みなさんが買おうとする中小企業には、オーナーが個人保証をしている融資があると考えて、ほぼ間違いないでしょう。つまり、みなさんには、会社を買うときに、その**個人保証を引き継ぐかどうかという問題が起きる**のです。

これまで、銀行が中小企業に融資をする際は、株主であるオーナー経営者が連帯保証人になるのが普通でした。中小企業には、オーナーと会社が一体と見られても仕方ないところがあります。実際に、会社のお金がオーナーのプライベートに使われることも珍しくありません。融資をする銀行側の論理として、財布が同じであれば、オーナーも保証すべきというのも理解はできます。さらに中小企業は、上場企業のような、外部監査や株主による監視といったチェック体制が十分ではありません。ですから中小企業の融資については、オーナーが個人保証をしてくださいということになっていたわけです。

しかし、この流れにも変化が出てきました。中小企業経営者に個人保証を課すのは悪しき慣習だとして、それをなくそうという「経営者保証ガイドライン」がようやく浸透してきたのです。これは、中小企業庁と金融庁の後押しで、日本商工会議所と全国銀行協会が事務局となり、経営者保証を提供せずに融資を受ける際や保証債務の整理の際の「中小企業・経営者・金融機関共通の自主的なルール」として策定・公表されたガイドラインです。

先日、安倍晋三首相も商工連合会の会合で、「個人保証偏重の慣行は断ち切らなければなりません」と話していましたが、いまでは銀行の新規融資の２割は個人保証なしになっているそうです。

経営者保証ガイドラインでは、会社とオーナー経営者の会計管理が別だと証明できれば、個人保証を取ってはいけないとされました。みなさんが会社を買ってオーナーをチェンジする際には、いったんそこで会社とオーナーの財布は完全に分離されますから、ガイドラインの求める条件は満たすことができます。ここが**個人保証を外す最大のチャンス**なのです。**このタイミングで銀行と交渉しない手はありません**。

もし、みなさんが買おうと思った会社に個人保証付きの融資がある場合は、個人保証を外すように動いてみましょう。いくつか銀行を回れば、個人保証なしで融資してくれるところがあるかもしれません。必ず見つかるとは言えませんが、会社の信用度が高ければ可能性はあります。

個人保証が外れれば、簿外債務への不安はほぼ払拭《ふっしょく》され、会社を買う際の最大のリスクは、株主の有限責任の原則通り、株を買った額になります。

もちろん、会社の経営がうまくいかずに、追加資金負担が増えていくケースもあります。そのリスクも含めて、**自分はどこまでリスクを許容できるのか**を買収計画作りの段階でしっかり考えておきましょう。

M&Aでは何が得られるのか

では、そもそもなぜM&Aをするのでしょうか。買収計画作りの一環として、これについても押さえておきましょう。

なぜM&Aをするのかは、M&Aで得られるものを考えてみればわかります。それを得られるがゆえに、多くの人がM&Aに乗り出していくのです。

M&Aで得られるものは何か。まずは**「時間」**です。すでにでき上がっている会社を買うことは、「会社を立ち上げて安定させるまでの時間」を買うことでもあります。安定した会社に成長させるまでの試行錯誤のプロセスも必要なくなりますから、**お金で「リスクヘッジ」をする**とも言えます。

起業した経験のある人ならわかると思いますが、会社や事業を立ち上げて安定軌道に乗せるまでには相当の時間がかかります。いろいろなミスやトラブルが起こりますし、大きな損失を招くこともあります。私がイギリスで和牛の輸入販売業を立ち上げたときには、500万円をかけて冷蔵庫を作ったのに、あるトラブルでその冷蔵庫がパーになってしまい、再度、冷蔵庫を準備しなければなりませんでした。長年続いている中小企業では、こうした試行錯誤が終わっているのです。そこに価値を見いだすのがM&Aです。

「設備」についても同様です。新規の設備を導入しても、規格が合わなかったとか、想定

M&Aで得るものとは

時間	事業の安定軌道までの「時間」を買う
試行錯誤	事業の安定軌道までの「リスクヘッジ」を買う
稼働設備	稼働済みの設備を買う（安定はあるが、劣化もある）
権利	顧客基盤、取引口座、ブランド、場所、許認可、知的財産権を買う
人的資源	社長、経営陣、従業員、外注先を買う
＋	
シナジー	相乗効果による利益（キャッシュフロー）創出

より稼働が上がらなかったとか、コスト削減につながらなかったといったようなケースが往々にして起こりえます。しかし、すでに稼働している設備には**「安定と実績」という価値**があります。M&Aではそれも手に入れることができるのです。ただし、設備は、時間がたって劣化していることもあるので、会社を買う際には、工場などの現場に行って現物の設備を見て、稼働状況や追加の設備投資の必要性について確かめることが大切です。

「権利」もM&Aで得られるものです。権利には、**「許認可」**や**「知的財産権」**のほか、**「顧客」「ブランド」「場所」**なども含まれます。**大手企業との「取引関係」**も価値のある権利です。トヨタやイトーヨーカ堂といった大手企業と取引をしたくても、それをゼロから作るのは難しいでしょう。ですから、買った会社が大手との取引関係を持っているとしたら、それは大きな価値になります。

このほか、経営陣、従業員といった**「人的資源」**や、その会社を買うことで生まれる**「シナジー（相乗効果）」**もM&Aで得られるものです。

M&Aで会社を買うということは、ただ単に会社を手に入れるだけではありません。以上のような時間や権利なども一緒に手に入れられるからこそ、M&Aには価値があるのです。

M&Aに登場するプレイヤーを知っておこう①　FAと仲介

第2章の最後として、会社を買うプロセスに登場するプレイヤーについてまとめておきます。

M&Aに登場するプレイヤーには、まず**「FA（フィナンシャルアドバイザー）」**がいます。FAには、証券会社や銀行、監査法人に所属するFAのほか、独立系の組織に所属するFAや個人のFAがいます。

FAは、業界では**「片手」**と言われています。買い手か売り手、どちらか一方のみの手伝いをするからです。「売り手のFA」「買い手のFA」という言い方をして、売り手のFAでしたら、その人は売り手のためだけに働きます。売り手の代表として調査や交渉をし、報酬も売り手からもらいます。

私は、ＦＡというのは大企業同士のＭ＆Ａに向いているプレイヤーだと思っています。大企業同士のＭ＆Ａでは、たとえばサントリーがジムビームを買収する場合、サントリー側とジムビーム側それぞれからＦＡが代表として出てきて、ＦＡ同士で交渉を行います。さまざまな資料を使って条件を出し合い、条件をのむかのまないか、のむのだったらそれをどう価格に反映させるかなどについて、ＦＡ同士でガチガチとやり合うわけです。

一方、個人Ｍ＆Ａでは、そんな場面はほぼありません。「エクセルを使えない」「パワポは知らない」「文章を読むのも老眼でよく見えない」という経営者に対して、買い手のＦＡが来て、パワポを見せながら「この条件なので価格をこのくらい下げてくれ」などと交渉を始めたら、オーナーは「もういいです」となってしまうでしょう。

中小企業のＭ＆Ａは、「Ｍ＆Ａ」ではありますが、事業を譲り渡す「事業承継」という、もっと緩やかなイメージです。だからＦＡのような一方のために戦う人が登場する場面はそう多くないのです。

ＦＡに対して、売り手と買い手の双方のために働くのが**「仲介」**というプレイヤーです。片手のＦＡに対して、仲介は**「両手」**です。売り手と買い手の双方と契約して、双方の条件の折り合いをつけながらＭ＆Ａを進めていきます。報酬も売り手と買い手の双方からもらいます。ＦＡに比べれば、条件交渉より案件を取りまとめるインセンティブが高いので案件は進みやすくなります。

レーマンテーブル(レーマン方式による手数料表)

取引金額	料率
5億円以下の部分	5%
5億円超10億円以下の部分	4%
10億円超50億円以下の部分	3%
50億円超100億円以下の部分	2%
100億円超	1%

国内の仲介業者は、日本M&Aセンター、M&Aキャピタルパートナーズ、ストライクの上場3社が中心ですが、中小の会社や個人仲介もどんどん増えています。

手数料については、FAや仲介は譲渡代金の5%くらいを取るのが一般的です。ただ仲介はその5%を売り手と買い手の双方から取ります。一方からしか取らないFAからすると、そこは文句を言いたいところでしょう。

手数料について、もう少し詳しく言うと、**「レーマンテーブル」**という業界の水準となっている手数料体系があります。ただこれは、大型M&Aなどに用いられるものであり、個人M&Aでは参考程度です。個人M&Aでは、最低報酬100万円から500万円で、成功すれば、譲渡代金の何%という設定をよく見かけますが、まだこれといった費用体系はありません。譲渡代金より仲介に支払う代金のほうが高かったりするといういびつな状況があったりしますので、手数料に関しては、とにかく交渉です。

ただし、あまり交渉しすぎると、仲介としては、ほかに案件を持っていくほうがよいと判断する可能性がありますから、状況を見ながらの判断になります。

手数料が高いのは、業界が草創期であることから情報が流通しておらず、仲介の営業コストとして過剰に利益を上乗せしていることが大きな要因です。個人M&Aの市場が拡大していけば、自然と手数料は下がっていくでしょう。

実は、**FAと仲介はあまり仲がよくありません**。FAと仲介の大きな違いは片手か両手かというところですが、FAからすると、「仲介は売り手と買い手の間で利益相反をしているのでは」と考えます。一方、仲介としては、M&Aは片方の利益だけでなく、双方の利益をうまく折り合わせるべきだという立場です。FAと仲介は、その立場上、相いれることは難しいのです。

このようにプレイヤーによる特徴や違いがあります。M&Aをうまく進めるためにも、こうした特徴や違いを理解して、プレイヤーたちと付き合うようにしましょう。

いま中小企業のM&A業界は、マーケットが急拡大すると同時に過渡期に入っています。日本M&Aセンターを中心に作られてきた、これまでの体制が少しずつ崩れ始め、手数料が下がってきました。仲介が双方から取るのはどうかという疑問の声も大きくなっています。

会社から独立した個人仲介などのプレイヤーも増えています。先日、サロンのメンバーが会社を買うときに関わった仲介も、大手仲介会社から独立して個人でやっている人でした。彼は大手会社のやり方に不満を感じて独立したと言っていましたが、そういう人の活躍も業界に変化を与えていくでしょう。

また、ここは大事なところですが、**FAや仲介と知り合いになることが、一番手っ取り早い案件を見つける手段です**。会社を探す「ソーシング」については、この後、お話ししますが、当たり前のこととして、M&A業界にいる人はM&Aに関係する人とのつながりが強くて広いわけですから、M&Aに登場するプレイヤーと知り合うことはソーシングの柱のひとつになります。

M&Aに登場するプレイヤーを知っておこう② ネット、専門家

インターネットで会社の売り案件の仲介をする**M&Aマッチングサイト**の存在感も高まっています。M&Aマッチングサイト先駆けのトランビ、日本M&Aセンターがやっているバトンズ、ストライクがやっているスマートに加えて、ビズリーチもサクシードというサービスを始めたようです。

このようなプラットフォーマーの増加で、案件を探しやすい環境ができてきました。ネット仲介の手数料は譲渡代金の3%くらいです。

代表的なトランビとバトンズを比べると、トランビは案件の数が非常に多い印象があり

M&Aのプレイヤー

	費用の目安					
FA	約5%	証券会社	銀行	監査法人	独立系	
		売り手、買い手の「一方」のアドバイザーとしてコンサルティング				
仲介	約5%	M&Aセンター	M&Aキャピタル	ストライク	……	
		売り手、買い手の「両方」のアドバイザーとしてコンサルティング				
ネット	約3%	トランビ	バトンズ	スマート	……	
		ネットによる紹介(プラットフォーマー)				
弁護士	50万~	法務DD、基本合意契約、最終合意契約、エスクローなどの対応				
会計士	50万~	財務DD、事業計画の策定などの対応				
税理士		財務DD、事業計画の策定などの対応				
事業系コンサル		事業、IT、不動産、環境DDなどの対応				

※費用の目安は、個人M&Aレベルの場合

ます。バトンズは、日本M&Aセンターの担当者が案件を確認してからサイトに上げているそうで、一定のスクリーニングをかけているようです。

　私のサロンメンバーの案件ソーシングの半分以上は、これらのサイト経由ですので、一度登録をして案件を見てみることをおすすめします。

　また、案件があるという意味では、主に各都道府県の商工会議所に設置されている**事業引継ぎ支援センター**があります。前著の『サラリーマンは300万円で小さな会社を買いなさい』で、事業引継ぎ支援センターを紹介すると、多くの個人の買い手から問い合わせが殺到したようで、個人の買い手はあまり相手をしてくれなくなったという話を耳にしましたが、最近は、個人の買い手も責任を持って事業承継を完遂するという実績が生まれてきていることから、当初ほどは冷遇されないとも聞いています。日本政策金融公庫主催で事業引継ぎ支援センターの講演会に講師として私を呼ぶ場合もありますので、センターごとで個人M&Aに対しての考え方は違うようです。積極的に対応をしてもらえない場合もあるようですが、こういうところを回るのもソーシングの方法のひとつです。

このほか、M&Aには**「弁護士」「会計士」「税理士」**というプレイヤーが登場します。法的なチェックをするのが弁護士で、財務的なチェックが会計士、税金に関するチェックが税理士です。また、士業の方々も中小企業を顧客に抱えていますから、案件を持っていたりします。とくに、税理士さんは、普段から中小企業と深い関係を構築していますので、事業承継のニーズを捉えている人が比較的多いです。

みなさんのような小さなM&Aでは、デューデリジェンスで専門家を使うのはコストがかかるので難しいと思うかもしれませんが、専門家も使い方次第です。

法務デューデリなどをパッケージで頼めば、たしかに50万円、100万円となるでしょうが、たとえば「ある重要な取引契約について重点的に見てほしい」とか、「株式移転のプロセスが不明確なので法的に確認してほしい」というように、**フォーカスを絞ってタイムチャージで聞いていけば、手数料はそれほど高くはなりません。**

実際のデューデリジェンスでは、法的な部分を弁護士に確認してもらうことは多いですし、経営管理の甘そうな会社の場合は、部分的にでも会計士を入れて財務デューデリをしたほうがいいと思います。ケースに応じて、必要があれば、専門家も工夫して使っていくようにしましょう。

事例2 かくして我らは個人M&Aに挑む

個人M&Aに挑もうとしている人たちには、どんな思いやきっかけがあるのでしょうか。それを私の運営するサロン「サラリーマンが300万円で小さな会社を買うサロン」のメンバーたちから探ってみましょう。

私のサロンでは、参加するに当たって、フェイスブックに立てた自己紹介スレッドに、自己紹介をするのがルールになっています。自分の名前、入会理由、目標、サロンで学びたいことに加え、自分の得意なこと、どんな会社を買いたいかなどを書いて、自分のアピールをしてもらうのです。所属先や経歴などは、名前を挙げて具体的に書いたほうがよりアピールができますが、どこまで書くかは自由です。

メンバーたちは、このスレッドへの書き込みを見て、一緒にやれそうな人、情報交換できそうな人などに声を掛けて、どんどん人脈を広げていきます。ここから多くの人とつながりを作って、将来の自分のM&Aにも役立てていくのです。
では、その自己紹介スレッドから、メンバーたちのコメントを拾って、どんな人がどんな思いで個人M&Aに挑もうとしているかを見てみましょう。

きっかけは何か

きっかけについては、私の運営するサロンですから、やはり私の本を挙げてくれる人が多いようです。こうした声に接すると、私がこれまで出した何冊かの本によって、サラリーマンのみなさんが考える人生の選択肢をひとつ増やすことができたのかなと実感しています。すなわち、出世を目指す人生、転職してステップアップを目指す人生、脱サラして起業する人生というこれまで存在した人生の選択肢に、中小企業を買って経営者になり、いずれは資本家を目指す人生が加わったのです。

○男性40代

三戸さんの本を読んだのが入会理由です。本を読んだだけで終わるのではなく、次の具体的なアクションにつなげたくて入会しました。

日本を支えてきた中小零細企業がこのままなくなっていくのはあまりにももったい

ないと思っています。会社の経営スキルを学んで、これからの時代に自分自身が生き残りたいという思いもあります。

三戸さん、みなさんから生きたスキルを学んで、社会の役に立って、自分自身もワクワクした毎日を送れるようになりたいです。

○男性20代

都内のインターネット広告代理店で働いております。三戸さんの書籍を拝読しまして、会社のオーナーになる夢をかなえるため、個人M＆Aという手法を学びたい、同じ志を目指す仲間がほしい、という思いで入会を決めました。

30歳になる前に、大きなチャレンジをしたい。そんな思いです。

○男性30代

公務員をしております。私の子どもの頃の夢は社長になるというものでした。しかし公務員となった現在は、前例踏襲の毎日です。それでも毎日の勤務を頑張れば、一定の給料をもらえます。この現状に甘んじ、何も考えることなく今まで生きてきました。

しかし、三戸さんの本を読んだとき、思考停止はダメだ、新しい時代を生きていきたい、そして自分も経営者になってみたいと思うようになりました。

セカンドキャリア作り

ビジネスキャリアを積んだ40代から50代の人たちのセカンドキャリア作り、また、サラリーマン人生の終盤を迎えた人たちが、もう一花咲かせたいという思いから、個人M&Aを目指すケースも目立ちます。

○男性50代

飲料品販売会社に30年勤めていますが、会社が早期退職のパッケージを掲げたので、それを選択し、本年4月末で、いまの会社を退職することが決まっています。

入会理由としては、「鶏口となるも牛後となるなかれ」の精神で、大きな会社で使われているより、小さくても経営者として自ら経営に携わっていきたいと考えているからです。

年内にはM&Aを実現して、経営者としての第一歩を踏み出すことを目標としています。

○男性50代

某電気メーカーで企画系の業務についております。入社以来、そのほとんどを商品開発に従事し、100人規模のプロジェクトリーダーなども経験してまいりましたが、いわゆる出世レースに敗れ、現在の職務になったのをきっかけに、残りの人生をどう生きたいか模索する中、独立を考えるようになりました。

私がいる業界はいわゆる個人事業として展開できる余地が少なく、かつ私自身ができれば別の業種でと思っていたところに三戸さんの本に出会い、「そういう手があるのか!」と興奮しました。そしてこのサロンの存在を知り、内容もよく確認しないまま、ポチッと入会してしまいました。

○男性

退職の年齢が近づき、その後を考えた際、再雇用という「安全だが、面白くない」選択肢よりも、ずっと温めてきた「起業」という思いが強くなりました。

当初は、不動産経営を考えておりましたが、昨今の市場環境はよい状況とは言えず、さりとて、いまの業務内容は起業に結びつくようなものではなく、何で起業したらよいのかを考えているときに、三戸先生の『サラリーマンは300万円で小さな会社を買いなさい』に出会いました。

本だけでは得られない、会社を買うための具体的な知識や経験値を学ばせていただきたく、入会させていただきました。

半年以内の起業と1年以内の起業買収を目標に、このサロンで学びたいと思います。そして、いままで大切に育てていらっしゃった会社の存続をご希望されている方々に、少しでもお役に立てればと考えております。

やらずに後悔する人生よりも、挑戦し続ける人生を目指し、日々行動します。

いまの仕事や将来に不安

いまの仕事や見通せる将来に不安を感じて、個人M&Aを目指す人もいました。「資本家」というこれまで縁遠いと思っていた存在に、誰もがなれるチャンスがある——私のこのメッセージが届いたものと、うれしく思っています。

○男性

大学卒業以来、プラント断熱工事会社の設計や開発に携わる部門で勤務しています。入社9年目になりますが、サラリーマンとしてこのまま働き続けても得られる能力も限られてくると感じており、これからは個人の時代といわれている中で、いつまでも会社のバックグラウンドに助けられて生きていくことに疑問を抱き始めていたところで、このサロンの存在を知り入会させていただきました。

○男性40代

ビルメンテナンス会社勤務。以前からこのままサラリーマンを続けることに疑問を感じていました。そこで三戸さんの本に出会い、資本家という選択肢があることを知りました。

まず行動して資本家という世界に触れてみたいと思い、勢いで入会させていただきました。2020年12月までにM&A実行を目標に行動していきます。ど素人ですが、みなさまのレベルに近づけるよう行動していきます。

○男性

入会理由

①個人M&Aに関する知識向上と意思決定スピードのアップのため

②起業よりも経済的・時間的自由が早く得られると思ったため

③現職（製薬会社）に対する危機感

当面の目標

東京オリンピックまでに1案件、承継する

◯男性50代

東京の広告会社に勤務しており、現在は営業的な立場にいますが、広めにいろいろやってきました。

仕事そのものは面白く充実していたのでわかりませんでしたが、サラリーマンという立場は面白くないことに最近気づきました。というより、気づかないふりをしていたのでしょう。そんな中、三戸さんの著書に出会い、かなりビックリしました。これは自分にとってアリなのかをしばらく考えていたのですが、アリという結論が出たので入会しました。まもなく55歳になりますし、やるのであればさっさとやりたいタイプなので、1年以内に決着をつけたいと思っています。

女性という枠でくくると

セクシュアリティで区別することに意味があるとは思っていませんが、残念ながら、サロンに参加する女性はまだ少ないのが現実です。ですから、女性たちにも、もっと入ってきてほしいという思いから、どんな女性が個人M&Aに挑もうとしているかを紹介します。

私は、経営者や資本家という道はワークライフバランスにも資すると思っています。自分の時間という何よりも貴重なリソースを、自分でコントロールできるからです。意識的にしろ、無意識にしろ、それを感じている人が、女性に限らず男性でも個人M&Aに挑もうとしているように思います。

○女性

現在、神戸市在住で会社員（人事部所属）をしております。

本当にこんな理由でいいのか不安ですが、

（1）会社のプロジェクトでやろうと盛り上がっても、さまざまな抵抗勢力に遭い、そのままスルーされることに嫌気がさした。

（2）そんな仕事を定時までがんばって、猛ダッシュで保育園に駆け込む生活に疑問を感じた。

（3）M&Aを勉強しているうちにわくわくしてきた。

（4）人の親になって初めて、子どもに学校以外にもたくさんの居場所を作ってやりたいと思った。

タイミング的にいいのか悪いのか5月から2人目の育休に入ります。上の子は保育園だし、勉強する時間がたくさん（笑）。

よろしくお願い申し上げます。

○女性20代

出版社に勤務し、女性向けＷＥＢメディアに携わっております。個人Ｍ＆Ａのことはテレビを通じて知り、三戸さんの著書に出会いました。私も自分で経営してみたいという思いが強くなる一方で、経営経験も知識もなく、コネクションもない私が、何をどうすればよいのかさっぱりわからず、まずは最初の一歩で当サロンに入会いたしました。ゼロスタートの私ですが、〝為せば成る〟をモットーに、三戸さんはじめみなさんの発信に必死に食らいつき、血肉とさせていただきます。目標は20代のうちに１社購入です。

○女性

看護師でずっと臨床の現場で働き、その後は社会福祉士として地域作り、人のつながり作りを行っています。医療と福祉の現場が長く、Ｍ＆Ａや経営などの知識はまったくありません。サロンへの入会理由は、個人でＭ＆Ａをするならここで学ぶのが近道と思ったためです。

きっかけは身近に

自分の仕事や知り合いなどを通じて、事業承継の必要性や中小企業の廃業問題に接したことが、個人M&Aに挑むきっかけになった人も多くいます。今後10年間で国内の中小企業のうちの4分の1、およそ100万社が廃業に直面するという問題は、みなさんの身の回りにもありうることなのです。

○男性50歳

ガーデニング雑貨やインテリア植物の法人営業をしています。事業を今後どうしようかと悩む経営者や、事業承継を考えている経営者に接する機会がリアルにあります。何もできずもどかしいです。

自分がM&Aをできれば、関係者みんなをハッピーにできると考えました。会社の買い方、売り方、正しい経営方法などを具体的に学びたいです。

○男性50代

現在は建設業関連の会社で役員をしています。売り先は主に工務店なのですが、事業承継ができなくて廃業していくところがたくさんあります。そんなところを助ける業務は大切な仕事です。M&Aは強力な突破口になると期待しています。

このサロンを通じて、自ら学び、仲間を得るところからビジネスの枠を広げていきたいと思っています。

○**男性**

現在は、大阪の泉州地域で毛布を作る小さな工場を経営しています。泉州地域は、泉佐野のタオルや泉大津の毛布などが地場産業です。毛布の製造は、環境やライフスタイルの変化などから、今後、先細り感があります。また、製造工程が会社ごとの分業であるため、後継者不足などで製造工程を担う会社が廃業すると、毛布の製造自体が難しくなるという業界特有の問題があります。そこで、思い切って、M&Aで事業転換を図りたく、その方法をサロンで学びたいと考えております。

○**男性30代**

食品・飲料メーカーに勤務しています。営業を6年間経験し、いまは商品企画の仕事をして4年になります。

父の会社の取引先（食品メーカー）が後継ぎを探しているという話を聞き、これは面白そうと思い、事業承継について調べていたところ、三戸さんの本と出会い、その流れでサロンに入会しました。

1年以内にM＆Aを終えたいです。小さな会社ですが、早く経験を積んで、資本家になりたいです。

○男性

現在、都内の税務署に勤務しています。職務上、いろいろな会社を見てきました。社長が高齢で病気になって経営が傾く会社や、どんぶり勘定の会社もけっこうあるなあと思う中、事業承継等で会社の経営を立て直すことに大変興味が湧き、入会しました。また、このまま公務員として定年を迎えて終わるより、これからは自分が面白そうだと思う仕事に関わっていったほうが後悔しないかなという思いもあります。

職務上、横のつながりがまったくないことから、まずはいろいろな業種の方と交流し、会社の運営に関わっていける仲間や同志ができればと考えています。副業はできないので転職するつもりです。よろしくお願いします。

サロンのメンバーたちのきっかけや思いをご紹介しました。彼らが、特別に意識が高いわけではなく、どこにでもいる、自分と似たような人間だということがわかったのではないでしょうか。

彼らが個人M&Aに挑むことになったきっかけや思いは、おそらく、身の回りの環境や心の中に転がっているものだと思います。サロンのメンバーたちは、そういう身近な問題や心の引っ掛かりに見ないふりをするのではなく、きちんと焦点を合わせて見て、気づいた人たちだと思います。

そして彼らは勇気を出して第一歩を踏み出し、このサロンで学んで、個人M&Aに挑もうとしています。きっといまでも迷いはあるでしょう。それでも、仲間たちと励まし合いながら、前に進もうとしているのです。

第3章 ここが大事！買収案件の発掘方法（ソーシング）

ソーシングとは① 会社は商品ではない

どんな会社を買いたいか、どんな会社なら自分は買えるかが、だいたい見えてきたでしょうか。それでは、プロセスを前に進めましょう。次は買う会社を探すプロセスです。

M&Aの案件を探すことを業界では**「ソーシング」**といいます。「出会い」がなければ会社を買うことはできません。「出会い」のためには、自分に合う会社、買いたいと思う会社を探したり、ときには自分で「発掘」したりする作業が必要になります。それがソーシングです。いわば結婚のための婚活ですね。

そもそも会社というのは、商品のようにパッケージされてお店に並んでいるものではありません。最近でこそ、M&Aマッチングサイトを見れば、簡単に会社の売り案件が見られるようになっていますが、そういう会社であっても、一般的な商品のように簡単に買えるわけではありません。

M&Aマッチングサイトに上がっている会社には、経営者や従業員がいて、日々、一生懸命、仕事をしています。オーナーさんにとって会社は自分の子ども同然ですから、たいていは「どこの馬の骨ともわからないやつに簡単に譲るわけにはいかない」と考えているものです。ネットには上げてみたものの、会社を売ることが最善なのか、別の道はないかと迷い続けているオーナーさんも多くいます。

ですからオーナーさんは、ネットを見て連絡をしてきた買い手とすぐに交渉を始めることはしません。まずは買い手の品定めです。その買い手が自分の会社を譲るにふさわしい人間かどうか、厳しく探ってくるのです。

それに対して、みなさんは、オーナーさんとやりとりをしながら、**自分がどんな人間か、その会社を買ってどんな経営をしていきたいか、自分がいかに後継者にふさわしいかをアピールしなければなりません**。

こうしたやりとりを経て、買い手が、オーナーさんに後継者候補として認められて、ようやく会社を買うための交渉が始まるのです。まさに婚活やお見合いと一緒です。ここを勘違いして、お金を払えばいいものだと思い込んで交渉を始めると、ほとんどがうまくいきませんので、ご注意ください。

ソーシングとは② 表に出ている案件は氷山の一角

いま日本では、100万社の中小企業が後継者不足に直面しているといわれます。しかし、M&A市場を見ると、会社を売りたい人であふれているということはありません。私の本の影響もあるようですが、どちらかといえば、いい売り案件にたくさんの買い手が殺到して、なかなか買えないのが現状のようです。

中小企業庁のまとめた資料によると、日本M&Aセンター、M&Aキャピタルパートナーズ、ストライクの大手仲介3社の取扱件数は、3社合計で、2013年171件、2014年234件、2015年308件、2016年387件、2017年526件となっています。年々増えているとはいえ、潜在的な後継者不足企業数の100万社を考えると、それほど多いとはいえません。

一方、東京商工リサーチの「休廃業・解散企業動向調査」によると、2013～2015年の間に休業や廃業、解散をした会社で、利益率の判明した6405社のうち、半数を超える50・5%が黒字だったということがわかっています。

同じ2013～2015年の時期に、大手仲介3社で取り扱ったのは合計で713件です。それを大きく上回る3200社余りの会社が、黒字のまま会社を畳んでいるわけです。つまり、**次世代に引き継がれるべき中小企業の大部分は、事業承継案件として表に出ることなく、休廃業や解散という形で失われている**ことになります。

最近、増えてきたM&Aマッチングサイトを見ても、上がっている件数は、多いところでも1500～2000件程度です。複数のサイトに登録しているところもあるでしょうから、実際に売り案件として表に出ているのは、各社合わせても数千件程度にとどまるのではないでしょうか。

潜在的には100万社あるはずなのに、事業承継案件として表に出てくるのはごく一部でしかありません。なぜこんな状況なのでしょうか。

トランビを作った高橋聡さんによると、M&Aマッチングサイトについては、高齢のオーナーがパソコンやインターネットを使えないという問題が非常に大きいそうです。たしかに、パソコンやネットに馴染みのない高齢のオーナーが、M&Aマッチングサイトに登録するのはハードルが高いでしょう。そのためM&Aマッチングサイトでは、案件の発掘のために、金融機関や弁護士、税理士などとの連携を進めています。オーナーの周囲にいる人とつながりを作って、パソコンによる手続きなど、経営者ができない部分をやってもらおうということですね。

ソーシングとは③　私たちが発掘しなくてはならない

高齢オーナーがパソコンやネットを使えない問題も大事だとは思いますが、それよりも深刻な問題があります。それは、**自分の会社の価値に気づいていなかったり、「自分の代で廃業するもの」と思い込んでいたりするオーナーが非常に多い**ことです。

そうした中小企業オーナーは、「自分の会社が売れる」とか「事業承継先を探す」というところまで考えが及んでいません。彼らが「事業承継」という方法に気づいてくれれば、事業承継をすべく動いている私たちのところにも情報が届きますが、彼らが気づいてくれなければ、私たちの手には届きません。私たちの知らないところで、非常に多くの中小企業が失われてしまっているのです。

私たちM&Aのプレイヤーも、国も、中小企業のオーナーに、事業承継のことを知らせようと、さまざまな働きかけをしています。状況は少しずつ改善しているとは思いますが、それでも、承継されるよりも失われる中小企業のほうが多いのが現状だと思います。

私たちサロンでも、先頃、そんな現状を象徴するような経験をしました。

サロンでは、縁あって千葉県のいすみ市の商工会と連携して、いすみ市とその周辺の中小企業の事業承継に取り組んでいます。その過程で、私たちは、高齢夫婦が営むある大衆食堂に出会いました。

その食堂はテレビのグルメ番組に取り上げられたことがきっかけで、遠方からもお客さんが訪れる人気店となっていました。それだけ魅力的な商品を持っていたのです。しかし経営者夫婦はもう高齢で、私たちの訪問は、お二人が事業承継について考えるきっかけとなりました。

その店は、売るとなれば買い手は殺到したことでしょう。私たちとしてはこれから、お二人に自分の店の価値や事業承継の意義を理解してもらって、売るという手続きに納得してもらおうと考えていました。

しかし、私たちにはその時間が足りませんでした。私たちが経営者ご夫婦と知り合って間もなく、ご主人が亡くなられてしまったのです。残された奥さんは、残念ながら店を畳むという判断をされました。

ご主人が亡くなられたことに私たちはショックを受けましたし、事業承継についても、私たちの手の届くところまで来ていたのに間に合わないという、非常に残念なことになりました。しかしこれが実態なのです。

長年安定した業績を上げていて、次世代に引き継がれるべき中小企業が、オーナーさんが亡くなられたり病気をしたりという理由や、「自分の代で終わり」という思い込み、事業承継という方法を知らないという理由で、どんどん失われているのです。こうした案件は日本全国にあるでしょう。その数は膨大なものになると思います。

こうした中小企業を、私たちは**ソーシングというプロセスによって「発掘」しなければならない**のです。M&Aマッチングサイトを見ることはソーシングのごく一部にすぎません。私たちが手を伸ばすべき領域は非常に広いのです。ソーシングは足で稼がなくてはなりません。

とにかく**M&Aの成否はソーシングにかかっています**。ここがM&Aの肝です。それを指摘した上で、実際にどうソーシングを進めるのかを話していきましょう。

どうやって会社を探すのか①　プレゼン資料とターゲット選定

ソーシングにおいて、まずやるべきことは、買い手である**自分の紹介資料（プレゼン資料）を作る**ことです。

M&Aでは売り手と買い手のマッチングが重要で、双方の気持ちが通じ合わないと成立しません。売り手のオーナーさんに、買い手である自分がどういう人間であるかをわかってもらわなければなりません。そのための**プレゼン資料は非常に大事**です。どんな資料を作るのかについては、この後、私のファンドのホームページを参考に解説します。

また、**買いたい会社のターゲットも絞っておきます**。第2章で考えた自分が買いたい会社について、業種、地域、会社の規模、財務的な数値、買収金額などの条件を整理しておくのです。

不動産でたとえれば、「東京の銀座4丁目にある8階建てのオフィスビルを5億円で買いたい」というような条件にしておくわけです。ソーシングの過程で出会うFAや仲介などのプレイヤーに「こんな条件の会社ありませんか」と示していくのです。そこで相手が条件に合う案件を持っていれば、紹介してもらえるでしょう。

この条件は、曖昧すぎても、逆に限定しすぎても紹介されづらくなります。この不動産の条件例だとちょっと絞りすぎで、8丁目のビルや9階建てのビルは紹介されないかもしれませんね。

ターゲット選定では、ＦＡや仲介などがイメージしやすいように、ある程度、条件を絞ることが必要ですが、どこまで限定するかは、**仲介などの紹介者とやりとりをする中で、柔軟に決めていきましょう**。

たとえば、この条件を示して、仲介が「どうしても4丁目がいいですか」という聞き方で、ほかの地区なら案件がありそうな雰囲気であれば、「銀座ならいいですよ」と範囲を広げた言い方に変えるということです。それで、「それなら8丁目でいいビルがありますよ」と紹介してもらえれば、そこを検討することができます。

ソーシングの目的は案件に出会うことです。多くのプレイヤーとコミュニケーションを取り、案件に出会うためのよりよい方法を探りながら、ソーシングを進めていきましょう。

どうやって会社を探すのか②　フラッグを立てる

ソーシングにおいて、次にするのが**「フラッグを立てる」**ことです。つまり、「会社を買いたい」という旗を高らかに立てるのです。フラッグを立てることで、みなさんの「会社を買いたい」という思いを拡散しないと、案件や情報は絶対に入ってきません。

たとえば、小さい頃から「私はアナウンサーになりたい」と、家族や友達など、周囲に言い続けていれば、その人のところにはアナウンサーになるための情報が寄せられるでしょうし、自分もそういう情報を逃すことはないでしょう。どこどこ大学のミスコンに出れば、採用される確度が上がるとか、有名な養成学校があるとか、事務所に所属したほうが早いとか、より具体的な情報が集まってきたり、支援してくれる人が増えてきたりすることでしょう。その情報量は、就職間際になってアナウンサーになりたいと言い始めた人とはまったく違ってくるはずです。

会社を買うのも同じことで、「会社を買いたい、買いたい」と言い続けていれば、周囲の人がそう認識してくれて、**自然と情報が集まってくる**ものです。サロンメンバーにもフラッグを立てていたおかげで紹介がきたという人がいます。正月の帰省の際に、親戚一同へ「会社を買います宣言」をしていたら、その後、親戚の友人の会社が事業承継を考えていると紹介されて、実際に事業承継にまで至りました。

では、フラッグを立てるには、具体的にどうすればいいでしょうか。

まずは**名刺**です。**名刺に「会社を買いたい」「事業承継をしたい」と書き込んでおきましょう**。いまはなんでもネットでという時代ですが、現物のモノの活用方法はまだまだあって、こうしたアピールは非常に有効です。

当然、**SNSの自己紹介には「事業承継をしたい」「会社を買いたい」と書いておきましょう**。先の例の通り、友人、知人、家族、親戚にそう宣言することも大切です。

もっとも効果的なフラッグは**会社を作る**ことでしょう。株式会社「事業承継」といった会社を設立して、「私が代表取締役です」と言えば、本気度は必ず伝わります。

フラッグを立てるのに、これだけやればいいという鉄板の方法はありません。いろいろなところでアンテナを張ったり、アピールをしたりすることが大事です。**思いつくことはなんでもやってみましょう**。たとえば、ノートパソコンの画面の裏に「事業承継したい」というステッカーを貼っておけば、打ち合わせやカフェで仕事をするためにパソコンを開くたびに、周囲の人はそのステッカーに気づくでしょう。そのステッカーがいつか実を結んで、もしかしたら、打ち合わせに訪れた会社や事務作業をしていたカフェのオーナーから「自分の会社を売りたいんだけど興味ある？」と言われるかもしれませんし、知り合いの会社を紹介してもらえるかもしれません。

そんなことありえないと思うかもしれませんが、可能性はゼロではありません。ゼロでないならやったほうがいい。フラッグとはそういうものです。

どうやって会社を探すのか③　情報収集

フラッグを立てて情報を拡散したら、次は**「情報収集」**です。

いまならまず、**M&Aマッチングサイトに登録をして掲載案件を見る**ところから始めましょう。いくつもプラットフォームがありますから、ネットだけでもある程度の数の案件を見ることができます。しかし、それはソーシングとしてはごく一部にすぎません。

次の一歩は、**FAや仲介、商工会議所など、M&Aに関わるさまざまなプレイヤーにアプローチをする**ことです。メールを送ったり、電話を掛けたりするほか、アポイントが取れればどんどん会いましょう。作業としては営業と同じですね。

プレイヤーたちと話をして、自分のプレゼン資料を見せ、自分の買いたい会社の条件を示します。そして、その人がどんな案件を持っているのか、自分の求める案件がないかなど、さまざまな情報を集めていきましょう。

この段階では、M&Aのプレイヤーに、自分のことを知ってもらうことも大事です。**できるだけ多くのプレイヤーに、自分が買い手というプレイヤーのひとりだと認識してもらいましょう。**

プレイヤーたちはそれぞれM&Aに関連する専門家です。業界はそんなに広くないですから、専門家の友達もまた専門家であることが多いです。プレイヤーと会うときは、その人の**友達をひとり紹介してもらう**といいでしょう。ひとりに会うたびに、誰かひとりを紹介してもらう。それを積み重ねていけば、あなたのネットワークは大きく広がっていくはずです。プレイヤーの数珠つなぎです。そういうネットワークを作ることができれば、自分の求める案件に出会う確率を高めることができます。

また、自分の知り合いや仕事の取引先を、**「会社を買う」という目線で見直してみる**ことも大事なソーシングのひとつです。まったく知らない人よりも、取引先や知り合いのほうが、売り手にとっても買い手にとっても、事業承継はしやすいはずです。自分の身の回りを、よく目を凝らして見てみたら、「そろそろ事業承継が必要だな」「よさそうな会社だな」と思える会社が見つかるかもしれません。

どうやって会社を探すのか④　土台を作る

それからもうひとつ、この段階でなすべき重要なタスクがあります。それは**地固め**です。自己紹介のプレゼン資料にしても、フラッグの立て方やターゲットの条件設定にしても、初めから100%のものはできません。そういうものを、この時期に**できるだけ多くの人に見てもらい、意見を聞きましょう**。多くの人から意見をもらって、修正点はないか、足りないものはないかを確認していきます。必要があればどんどん修正しましょう。そうすることで、**徐々に自分のやり方が固まっていく**のです。

私が最初に作ったプレゼン資料も、この段階で多くの人の意見を聞きながら、「ここはあまり伝わらないな」とか「こういう質問がくるなら、この情報が必要だな」などと修正していきました。そして数カ月たったら、資料の半分くらいは変わっていました。

つまり、この段階で、**みなさんのM&Aのソーシングの土台が作られる**のです。

どうやって会社を探すのか⑤　口説き落とす

ソーシングの最後が**「口説き落とし」**になります。

先ほども言いましたが、会社というのは商品ではありません。オーナーさんは事業承継の必要性を感じつつも、まだ迷いがあって悩んでいることがほとんどです。とくに日本には身売り文化が残っているので、オーナーさんは、本音では、事業承継のことを表沙汰にしたくないと思っています。「従業員や取引先にバレたら離反される」「銀行が知ったら融資を引き揚げられる」「競合相手に知られたら事業に差し障りがある」などと考えてしまいます。

ソーシングを始めればわかりますが、みなさんがオーナーさんに会っても、オーナーさんはなかなか事業承継の話をしてくれません。オーナーさんとしては、事業承継をやりたいと思いつつも、「情報は表に出したくない」「信頼できる人にしかそんな話はできない」「この人は果たして信用できるのだろうか」などと思っているのです。

ですから、みなさんとしては、**オーナーさんに信頼感を与えて、「この人だったら事業承継のことを話してもいい」と思ってもらう**必要があります。それが口説き落としです。オー

ソーシングプロセス

プレゼン作成	売り手が安心できる自己紹介資料の作成（意思や経歴など）
▼	
ターゲット選定	業種、地域、企業規模、財務数値、株式価値目線などのまとめ
▼	
情報拡散	会社設立、名刺作成、チーム組成、SNS 書き込み、友人・親族へ告知
▼	
情報収集	ネット、FA・仲介、銀行・証券、商工会議所などへヒアリング
▼	
数珠つなぎ	紹介の紹介をつなぎながら核心へ迫っていく
▼	
口説き落とし	候補先へのコンタクトと売却ニーズの掘り起こし

ナーさんを口説いて信頼を得ることで初めて、事業承継の案件が動き出します。

これはM&Aマッチングサイトにおいても同じです。ネットを介してのやりとりになりますが、みなさんはメッセージの文面を工夫して、オーナーさんを口説かなくてはいけません。

多くの人に会って自分を知ってもらい、ネットワークを広げ、いろいろな情報を得て、よい会社が見つかれば、そのオーナーさんを口説き落とす。こうした地道な努力を続けることで案件に出会えますし、案件をつかみ取ることもできるのです。これを続けるのがソーシングです。いわば**ドブ板の営業回りと同じ**なのです。

資本家への一歩を

私の場合は、ファンドを立ち上げて最初の1件の投資を決めるのに、3000人くらいにコンタクトをして情報を集め、200社くらいの会社のデータを受け取り、投資検討を行いました。そうやって、最初の投資すべき1社を決めました。そのくらいのソーシングをして、やっと自分と相手のニーズがマッチする案件に出会えるのです。

結婚相手を探す婚活で、自分の望む相手にはなかなか出会えないのと同じように、ソーシングでも**自分の求める案件に出会えるのは簡単ではありません**。情報を取るのも大変ですし、売り手を口説いて、交渉に辿《たど》り着くのもかなり大変な作業になります。

私はこのソーシングが、**M＆Aのプロセスでもっとも労力のかかるもの**であり、かつ、**労力をかけるべきもの**だと思っています。

このソーシングを乗り越えられる人だけが、会社を買えて、資本家への一歩を踏み出せるのです。

プレゼン資料はこうやって作ろう

では、ソーシングのための自己紹介のプレゼン資料の作り方について、私のファンドのホームページを参考に解説していきましょう。

私のファンドは立ち上げから4年で、投資した案件が8件、投資総額は約30億円になりました。私はいまでこそ一人前の投資家のように振る舞っていますが、わずか4年前は、M&Aの世界では素人同然でした。前に勤めていたベンチャーキャピタルでは、投資業務に携わっていたものの、ベンチャー投資と会社を100%買うM&Aとはまったくの別物です。つまり4年前の私は、みなさんと同じだったのです。

それでも、ホームページやプレゼン資料では、それっぽく見せることが大事で、私もかなり工夫をしました。この資料を見れば、当時の私がどう工夫したのかが見えてきます（ホームページの情報は更新しているため、本書の内容の一部は掲載していません）。

①「名前」

「日本創生投資」という名前には、「日本をよくしたい」という思いを込めました。また「地方創生」の「創生」を入れることで、地方の底上げをしたいというメッセージが伝わるようにしています。**すべて漢字にした**のにも意図があります。これが「ナントカキャピタル」といったカタカナの名前では、外資のハゲタカファンドと区別してもらえないからです。ハゲタカだとは思われないように、という部分に最大限の注意を払いました。

②「私たちの目指すところ」

ここは私たちが目指すものを哲学的に書いています。「和製ファンド」という言葉は、漢字名と同じように、**ハゲタカファンドとは違う**ことを強調する意味で使いました。

③「社章」

社章は坂本龍馬の海援隊の旗印である2本ラインに、1本ラインを足して、日の丸をイメージさせるとともに、海援隊のように**歴史に残る仕事をしたいという思い**と、「3」という数字にこだわるという意味を込めました。

3にこだわる理由としては3つのモットーを示しました。株主として偉ぶるのではなく、**「三顧の礼」をもって投資先企業と向き合う**こと、**投資先企業、世間、私たちとが「三方よし」となる**こと、**「三人寄れば文殊の知恵」ということわざのように、チームワークを大切にする**ことという3つのモットーです。

社章の赤のラインは血のイメージも重ねています。投資ファンドというのは冷たい印象を持たれることが多いので、私たちはそうではなく、**血の通った温かい心で仕事をしますよ**というアピールです。

こういうところは細かい部分だと思うかもしれませんが、ここまで見てくれる人は必ずいます。実際、売り手のオーナーさんや投資先の社員さんからも共感の言葉をいただいたり、社員の採用募集でも、社章の説明に触れて、こういう仕事がしたいので応募したという人がたくさんいました。

一文一文、言葉のひとつひとつの細部までこだわって作っていきましょう。

④「顔写真」

レオス・キャピタルワークスの藤野英人さんによると、上場企業で、ホームページに経営者の顔写真がある会社とない会社を比べたら、顔写真のある会社のほうが株価が14％以上高かったそうです（日本経済新聞、2017年9月5日付朝刊）。顔を出して堂々と経営している会社とそうではない会社では、株価でも違いが出るということです。売り手のオーナーさんも買い手候補が現れたらネット検索をしてホームページを確認します。そのときのためにも、**顔を出すことは大事**です。そういう意味で、私たちは意図的に顔写真を出しています。

⑤「キャリア」

メンバーの「キャリア」では、**売り手のオーナーさんへアピールしたいところを意識して載せています**。

私の場合は、ベンチャーキャピタルにいたのでベンチャー投資を知っていることを伝えて、既存事業に新しい発想や技術を加えることができること、ロンドンでビジネスの立ち上げをやっていたので中小企業経営という実業を知っていること、兵庫県議会議員として地域のために働いていたことなどを書いています。ここを読んで、「三戸さんは、地方の中小企業に寄り添ってくれそうだな」と思ってくれるといいなあと考えて書きました。もちろん私自身、そういう思いを持っています。

私以外のメンバーも、**在籍していた企業名やそこで何をしていたのかを具体的に書いてアピール**しています。日本銀行出身の人は日銀出身であることを強調しましたが、実はこの人は、ちょっと裏技的に、月10万円くらいで顧問として入ってもらった人です。

こういう元日銀支店長みたいな人がひとりでもいると、メンバーのプロフィールに重みが出てきて、信頼感が増してきます。もちろんこの人は、名前を借りているだけではなく、ミーティングに参加してもらっていますし、金融関係のルート作りにも協力してもらっています。でも、一義的にはメンバープロフィールの重しの役割です。プレゼン資料で大事なのはどう見せるかですから、こういう形で協力してくれる人を探すことも必要なのです。

⑥「私たちの存在理由」

次が、**私たちの存在理由に当たる部分**です。中小企業が置かれている状況や抱える問題、いまの日本社会の課題などについて、データを使いながら示し、その中で、私たちのファンドがやろうとしていることや、それをすべき理由を伝えるものになっています。

簡単にまとめると、後継者難で廃業の危機に直面している中小企業がかなりの数に上ること、事業承継が進まない理由や環境があること、日本経済の屋台骨である中小企業の現状を是正しないと日本経済に大きなダメージとなること、国も解決に動いている問題であることなどを示して、私たちはこの問題を解決する存在だとしています。

こういう資料は**データで根拠づけながら示す**ことが大事です。データの出典も明らかにしましょう。資料で示した問題は、私たちが思い込んでいるのではなく、データから明らかだと裏付けを示すことに加えて、そのようなデータを収集する姿を見せることで本気度を伝えます。また、中途半端な仕事をするタイプではないことをアピールすることで信用を高めることにもつながります。

⑦「どんな投資をするのか」

続いて、**投資方針**や**自分たちの強み**、**投資事例**の資料です。前の資料で示した問題の解決に、私たちはどう臨むのかを示すものです。

私たちの初期の投資方針は、投資額1億～5億円で、中小企業の事業承継と事業再生を主に担いたい、業種は問わず、という書き方になっています。ここは先ほど触れた買収ターゲットの選定の部分ですが、この書き方ではやや物足りなかったですね。M&Aの各プレイヤーに説明したら、もう少し具体的にと言われたのを覚えています。

今では、M&Aの各プレイヤーと折衝を重ねてきて、かつ、投資実績がありますから、ターゲットを連想してもらえるようになってきましたが、**最初はもっと絞り込んだほうがいい**でしょう。

M&Aの期間については、最初の秘密保持契約から、基本合意、デューデリ、事業計画、株価決定、最終合意までのトータルで「6〜8週間でやります」と書いています。**「スピード感を持ってやります」というアピール**です。投資案件は水モノのように刻々と状況が変わっていきます。売り手オーナーと交渉していても、別の買い手が出てきて案件を横取りされることはよくあります。買収をすぐに意思決定できるかどうかは、案件をつかみ取ることにおいて、とても重要な要素です。また、それを売り手オーナーに伝えることで、すぐに検討してくれるなら優先的に対応してもいいという同意を取れることもあります。

私たちの強みのところでは、日本最大級のファンドで経験を積んだこと、実業経験を生かした経営支援ができること、独立系のファンドなのでしがらみがないこと、ウェブ系やテクノロジーに強いこと、海外展開に対応できることなどを項目ごとに示しています。

このように**項目別に整理するなど、見やすいように工夫する**ことは大事です。見やすくすることで読んだ人の印象に残れば、それが最後にものをいうかもしれません。「ウェブマーケティングに強いところがあったな」「海外展開できると言っていたな」といった印象から、売り手の最後の判断が決まることもあるのです。

ただ、いまはもう、この強みの部分はプレゼン資料で使っていません。すでに実績があるので、それを売り手に見せれば、私たちのイメージをつかんでもらえるからです。4年前は**実績がなかったために、こういった資料でアピールする必要があった**のです。

投資や支援の事例として挙げたのは、私のベンチャーキャピタル時代の実績や、それぞれのメンバーが持つ実績を引っ張り出して、やや強引に作ったものです。

ここで重要なのは、いずれも**私たちが実際に関わった案件であり、嘘ではない**ということです。嘘をついた場合、それがバレたら、信頼は絶対に失われてしまいます。ですから、資料にも、前職での実績であることをうたっておき、説明の際もその旨を伝えます。

このように経歴だけを説明するのではなく、これまでの自分の仕事の実績を説明しておくことで、売り手オーナーは会社を売却したあとにどんな経営になっていくのかをイメージすることができるため、案件獲得レースを有利に運べる可能性が広がります。

ここは、**これまで自分たちがやってきたことを、いかに魅力的に伝えられるか工夫したいところです。**

⑧「スローガン」

最後に「もっと、にっぽん」という**「スローガン」**で締めています。こう書くと「日本が好きなんだな」「日本のために頑張ろうとしているんだな」と思われることを想定して書いています。「会社を買う」とか「会社を売る」という話になるとネガティブに感じる人が多いのが現状です。この意識を払拭して、「会社を買う」ということは社会的意義があることだと印象づけるために、最後のまとめとしてスローガンを作っています。

プレゼン資料のポイントは以上です。みなさんはファンドのように、何社も会社を買うことはないでしょうから、ここまでの分量は必要ないと思いますが、以上のようなポイントを参考にして、みなさんの思いや買いたいという熱意が伝わるプレゼン資料を作ってください。

プレゼン資料作りを通じて、自分のアピールポイントを考える作業は、いわば**自分の棚卸し**です。自分のやってきたことと、これからやりたいことが180度違う人は少ないでしょう。自分がこれまで何をやってきたのか、そしてこれから何をしたいのか、それらのイメージを膨らませていけば、その中には**一貫した何かがきっと見つかるはず**です。それが見えてくれば、自分が買いたい会社のターゲットがはっきりするでしょうし、多くの人に伝わるプレゼン資料が作れると思います。

最後にもう1点、プレゼン資料ができたら、**紙に印刷して相手に渡しましょう**。中小企業のオーナーさんは高齢の方が多いので、紙のほうが読んでもらいやすいからです。

また、ものがあるというのは大事なことで、会社の事務所のデスクにみなさんのプレゼン資料があれば、いやでも視界に入りますし、無意識に訴えかけてきます。それがのちのち功を奏することになるかもしれません。

個人M&Aというのは、意外に思うかもしれませんが、**紙を使って、足を使って出向き、ちゃんと顔を合わせて進めていく**ものです。ベタな営業と通じるところが多いのです。

会社を知るための会計訓練① 数字に強くなろう

第3章の後半は、ちょっとしたお勉強になります。会社を買うために必要な知識ですので、しっかり理解してください。

ソーシングのためには、会社のことが「わかる」必要があります。ビジネス言語である「会計」を話せないと、M&Aのプレイヤーや売り手オーナーなどからの信頼を得て、案件に辿り着くことはできません。また、その会社がどんな状態なのかがわからないと、買うべき会社を探しようがないからです。

では、会社のことは何に一番詳しく書いてあるでしょうか。一番詳しいのは、**損益計算書**（プロフィット・アンド・ロス・ステートメント、**PL**）と**貸借対照表**（バランスシート、**BS**）です。PLとBSには数字がズラーっと書いてありますね。これらの数字の意味を理解して、これらの書類を読めるようにならないと、その会社がよい会社なのか悪い会社なのかがわかりません。つまり、みなさんは**数字に強くならなくてはならない**のです。ちなみにM&Aをしたり会社を経営したりするためには、**簿記3級レベルの知識が必須**です。簿記の勉強はしたほうがいいと思います。最低でも、私の書いた『サラリーマンは300万円で小さな会社を買いなさい　会計編』(講談社+α新書)くらいは理解できないと、経営を続けるのは難しいでしょう。

では、会社のことがわかるようになるために、PLとBSの基本的な見方について説明していきます。

会社を知るための会計訓練②　PLで大事なのは営業利益

まずは**損益計算書(PL)**です。PLには、その会社の一定期間の経営の成績が書かれています。その期間で、どれだけ売上があって、費用はどのくらいかかって、利益はどれだけ出たのかということです。

PLを見ると、一番上に**売上高**があって、次に**売上原価**があります。売上高は、商品が売れた合計額です。売上原価は、その商品を作るのに必要な費用です。

売上高から売上原価を引くと、**売上総利益**、いわゆる**粗利**が出ます。この粗利から、商

PLの仕組み

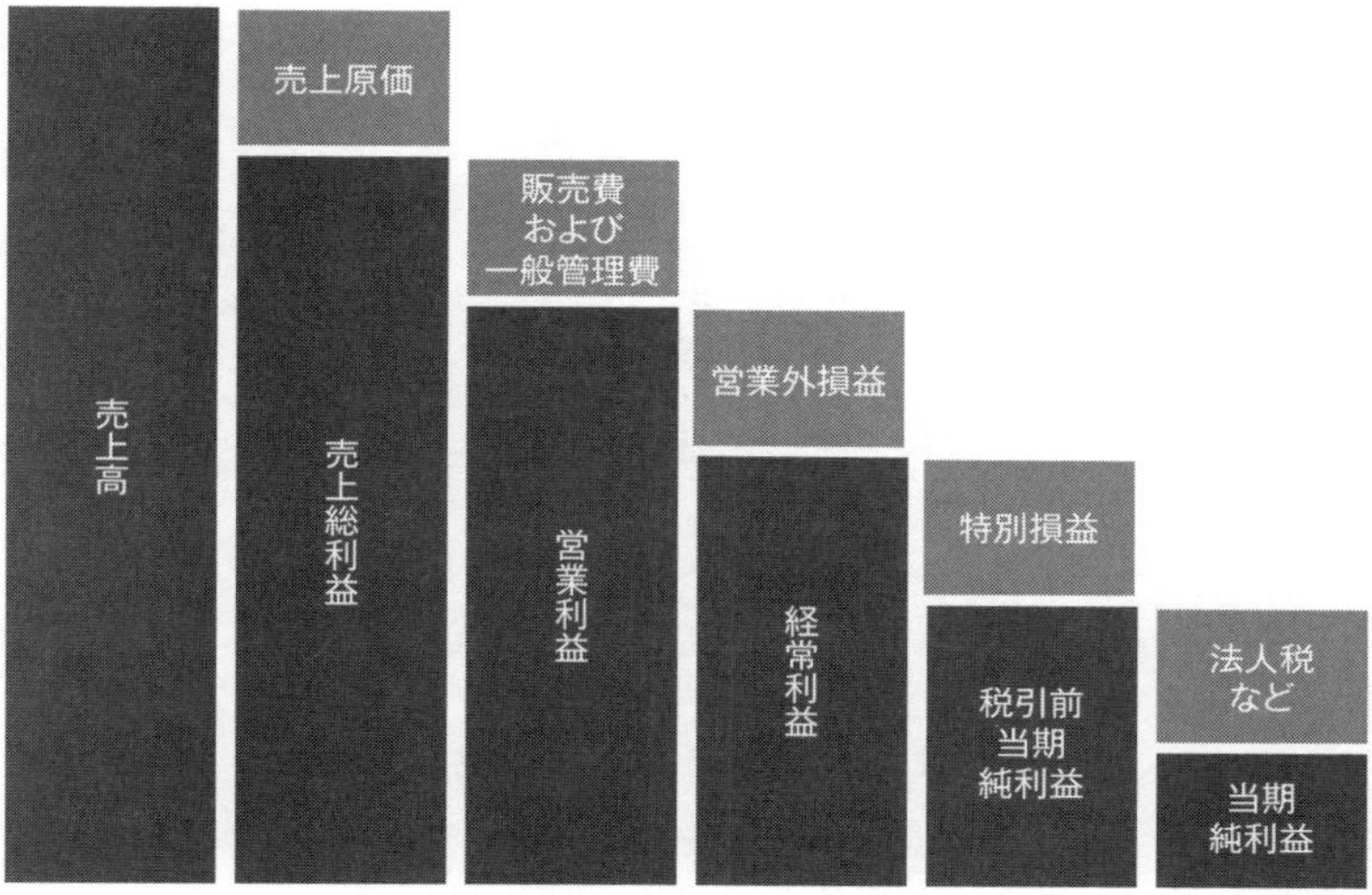

品を売るために必要な人件費などの費用（**販売管理費**）を引くと、**営業利益**が出ます。

このようにPLにはさまざまな数字が並んでいますが、会社を理解するためには、この中のどの数字に注目すればいいでしょうか。**第一に「営業利益」、次に「売上高」**になります。

売上高の数字が大きければ大きいほど、会社の商品が売れていることになります。つまり売上高は、その会社の商品がどれだけ社会に受け入れられているかを示すものです。

しかし売上高がいくら大きくても、営業利益が出ていないと意味はありません。営業利益は、会社にどれだけの儲けが出たかを示すものです。売上高が大きくても、営業利益が少なければいい会社とは言えません。一方、営業利益の大きな会社はいい会社であると考えてほぼ間違いありません。

また、営業利益の推移によって、会社の事業の堅調さを測ることもできます。つまり、営業利益は、その会社のビジネスをもっとも表す数字なのです。

売上高に対して営業利益がどれくらいあるかを示す**営業利益率**も重要な目安です。営業利益率が高いのは、効率よく儲けを生んでいることになるからです。

会社を知るための会計訓練③　減価償却費を理解しよう

ＰＬには**減価償却費**という項目が出てきます。減価償却費は会計的な必要性から作られた概念なのでわかりにくく、つまずく人が多いのですが、M&Aに関わってくる部分があるので、みなさんにも理解してもらう必要があります。なるべく簡単に説明しますので、頑張って理解してください。

車を例にします。車を300万円で買えば、車は会社の資産になります。代わりに、会社の資産である現金から、代金の300万円が支出されます。会計的には、貸借対照表（ＢＳ）の資産の中に車が載り、その分、現金資産の300万円が減ることになります。会社全体の資産価値の変動はありません。

一方、車の代金の300万円の支出は会社の経営のための費用なので、ＰＬにも載せなくてはなりません。その費用を減価償却費として計上するのですが、そのルールがちょっとわかりにくいのです。

会計のルールでは、車は買った初年度だけ使うのではなく、何年かにわたって利用するので、その費用は、車の使用期間（**耐用年数**といいます）でならして計上することになっています。車の耐用年数が6年だとすると、３００万円を6年にならして、毎年、50万円の費用をＰＬに計上するわけです。それが減価償却費の計上ルールです。

しかし実際には、車の代金の３００万円は最初の年にすでに支出されています。ということは、ＰＬ上は減価償却費として毎年50万円が計上されてはいるものの、車を買った翌年以降は、そのお金は実際には支出されないことになります。つまり、減価償却費は**「（その年度に）現金が支出されない（ノンキャッシュ）費用」**なのです。

会社を知るための会計訓練④　ＥＢＩＴＤＡ

ここからがＭ＆Ａに関わる部分です。車の減価償却費は、車を購入した2年目以降も、費用として計上されているのに現金が支出されません。

ＰＬに減価償却費が計上されている場合、営業利益は、減価償却費という費用も差し引いた金額になっていますが、実際には、現金の支出がないので、その分、プラスのキャッシュフローが生まれています。本業でどのくらい現金を創出しているのかを計算するために、営業利益に減価償却費を足し合わせた数値を計算します。

営業利益＋減価償却費＝ＥＢＩＴＤＡ

ＥＢＩＴＤＡは「イービッダー」「イービットディーエー」などと読みますが、Ｍ＆Ａでは非常によく使われる言葉です。

ＥＢＩＴＤＡとは、簡単に言うと、その会社が**本業でどのくらい儲けたかを表す数字**になります。本業での儲けというと、営業利益というのが普通ですが、Ｍ＆Ａでは、実際には支出されない減価償却費も考慮して、会社の実力を把握します。

Ｍ＆Ａ業界ではよく、「ＥＢＩＴＤＡでいくら出る会社」という言い方をします。ＥＢＩＴＤＡは会社の実力をわかりやすく示す数字として捉えられているのです。つまり、営業利益の大きな会社がいい会社であるように、ＥＢＩＴＤＡの大きな会社もいい会社ということです。

のちほど説明しますが、ＥＢＩＴＤＡを使って会社の買収価格を決める方法もあります。

さらに説明すると、営業利益から税金などを払うと最終的な利益（**純利益**）になります。この最終的な利益に減価償却費を足して、経営に必要な資金の増加分**（運転資本の増加額）**

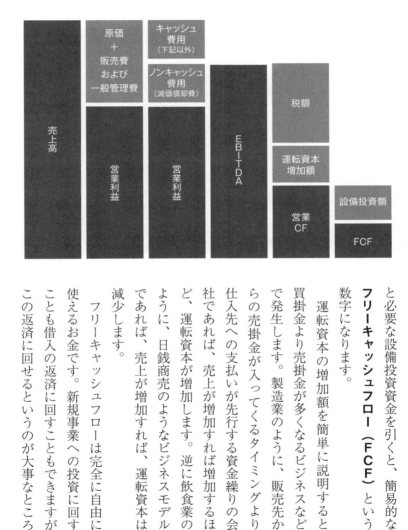

EBITDAとキャッシュフロー

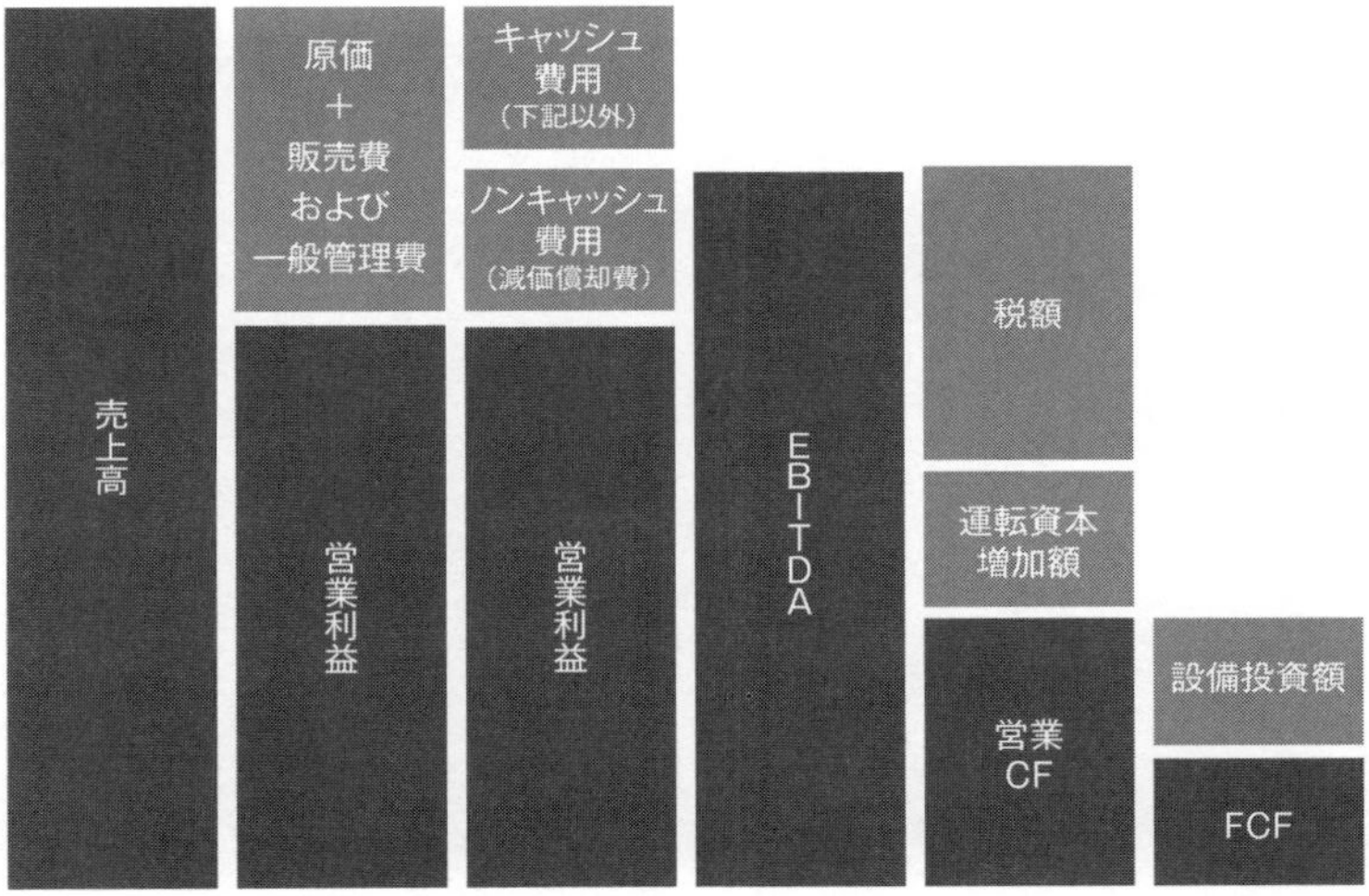

と必要な設備投資資金を引くと、簡易的な**フリーキャッシュフロー（FCF）**という数字になります。

運転資本の増加額を簡単に説明すると、買掛金より売掛金が多くなるビジネスなどで発生します。製造業のように、販売先からの売掛金が入ってくるタイミングより、仕入先への支払いが先行する資金繰りの会社であれば、売上が増加すれば増加するほど、運転資本が増加します。逆に飲食業のように、日銭商売のようなビジネスモデルであれば、売上が増加すれば、運転資本は減少します。

フリーキャッシュフローは完全に自由に使えるお金です。新規事業への投資に回すことも借入の返済に回すこともできますが、この返済に回せるというのが大事なところです。フリーキャッシュフロー分の返済が毎年見込めるということは、**フリーキャッシュフローの額によって、その会社がどれだけの借入をできるかが決まる**わけです。

ちなみに、フリーキャッシュフローによる返済を見込んで、銀行から融資を受けて、その会社を買う**LBO**というスキーム（買い方）もあります。LBOでは、自分のお金をほとんど出すことなく、企業買収ができます。このスキームについては、のちほど詳しくお話しします。

会社を知るための会計訓練⑤　BSは走行メーター、PLはスピードメーター

続いて、**貸借対照表（BS）**の見方を説明します。

自動車にたとえれば、BSは走行メーターです。中古車を買うときは、走行メーターを見て、その車がこれまでにどのくらい走ったかを確認するでしょう。車は走行距離が5万キロの車と10万キロの車では大きく値段が変わりますから、走行メーターは車の価値を表しているとも言えるのです。

BSは車の走行メーターと同じように、その**会社の価値**を表しています。会社を買うときには、BSを見れば、その会社にいくらの価値があるかがわかるのです。

ちなみに損益計算書（PL）は、車でいうとスピードメーターです。その会社がいまど

のくらいのスピードで走っているかを示します。

では、ＢＳのどこを見れば、会社の価値がわかるでしょうか。

ＢＳには右側に**「負債」**と**「純資産」**、左側には**「資産」**が書かれています。右側は、その会社がどうやってお金を集めたのかという部分で、左側が、集めたお金をどうやって運用しているかという部分です。

つまり、次の式が成り立ちます。

負債＋純資産＝資産

会社は、右側の「他人のお金（負債）と自分のお金（資本金など）」を使って、左側の「土地や設備、商品などの資産」に変えることで経営されます。そして、経営で得た儲けは、右側の純資産に加わっていきます。

この**純資産の部分が会社の価値**になります。

つまり、ＢＳの左側に載っている会社の資産のすべてを売って、そのお金から、右側に載っている他人のお金（負債）を返せば、残るのが純資産です。純資産は株主が持っている価値（**株主価値**）ともいいます。

会社を知るための会計訓練⑥　会社の本当の価値とは

ただ、ＢＳに載っている資産の評価には注意が必要です。帳簿に書かれている金額は**「簿価」**といって、実際の値段とは違うことが多いからです。帳簿に５００と書かれていた土地が、実際に売却したら、３００にしかならなかったということはよくあります。

実際の値段を**「時価」**といいますが、会社の値段を算定する際には、資産を時価評価にし直す作業が必要になります。土地なら近くの不動産屋に聞いてみたり、車や機械などについては現物を確認したり、必要があれば専門家に頼んだりして、評価し直すのです。

ＢＳを見れば、会社の価値がわかるはずでしたが、本当の価値を見極めるにはかなり面倒な作業が必要になります。その作業をするのが**デューデリジェンス**です。

会社を知るための会計訓練⑦　ＢＳから会社の値段を出す

デューデリでＢＳの資産を評価し直して、その会社の純資産がわかったといっても、それが即、会社の値段になるわけではありません。会社を純資産分で売っても等価交換にしかならず、売り手側にはなんのメリットもないからです。

ですからＭ＆Ａでは、その会社を買うのに、**純資産にどの程度の金額を上乗せするのか**

を考えなくてはなりません。それが**会社の値段（＝株主価値）**になります。上乗せ分は、その会社が将来生むであろう利益から導き出します。それをどのくらい評価するのかが、会社の値段の算定ポイントになります。

中小企業のM&Aでよく使われる会社の値段の算定方法は**年倍法**と呼ばれ、次のようなものです。

純資産＋営業利益3〜5年分＝会社の値段（株主価値）

たとえば、その会社が、ビルや工場や車などの資産を1000持ち、負債は借入が300あるとします。1000の資産を売却して300の借入を返せば700が残るので、700がその時点での純資産になります。

その会社が毎年100の営業利益を上げるとして、年倍法に当てはめると、

700（純資産）＋500（営業利益5年分）＝1200

となり、1200がその会社の値段になるわけです。

この公式は会社の値段の算定方法のひとつです。算定方法は複数あって、それぞれに特

徴があるので、ケース・バイ・ケースで使っていきましょう。

会社を知るための会計訓練⑧　EBITDAマルチプル

EBITDAを使って会社の価格を算定する方法が**「EBITDAマルチプル」**という手法です。EBITDAは営業利益に減価償却費を足した数字でした。マルチプルとは倍率のことです。

EBITDAマルチプルという手法では、会社の値段を**EBITDAの何倍にするか**で会社の価格を算定します。業種や業態によってマルチプルの水準が変わってきますので、会社のEBITDAを出し、その会社の業種や業態の相場を調べた上で、倍率を決めていくという作業になります。

個人M&Aでは、**EBITDAの3~8倍**で取引されることが多いです。私のファンドでは、EBITDAの4倍程度以下でしか買わないと決めています。

先ほどの公式と同じように、EBITDAマルチプルという会社の値段の算定方法も、M&Aでは常識的な手法です。

財務数値と株価の関係

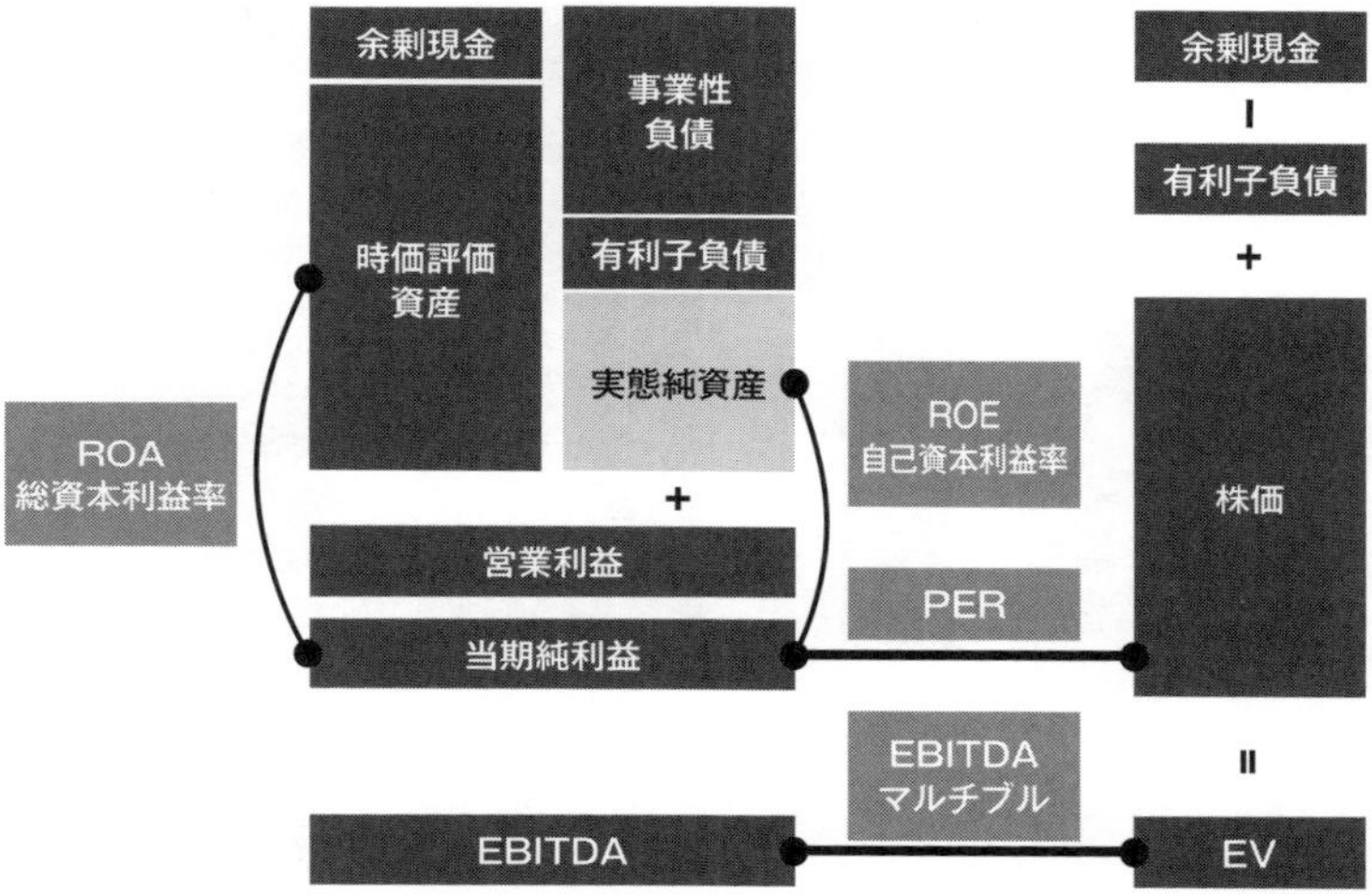

会社を知るための会計訓練⑨
企業価値（EV）

このEBITDAマルチプルで計算する会社の値段は、先ほどの「株主価値」とは違います。EBITDAの何倍に当たるかで、会社の価格となる事業価値や企業価値を計算します。この計算式は**「EV（エンタープライズバリュー）÷EBITDA＝EBITDAマルチプル」**と表現しますが、このEVを「企業価値」と考える場合と、「事業価値」と考える場合があります。本書では、実務的によく使われる「事業価値」をEVとして説明していきますが、違いを理解してもらうために「企業価値」の説明も同時に行います。

企業価値を求めるには、まずその会社が

EV（Enterprise Value：企業価値）

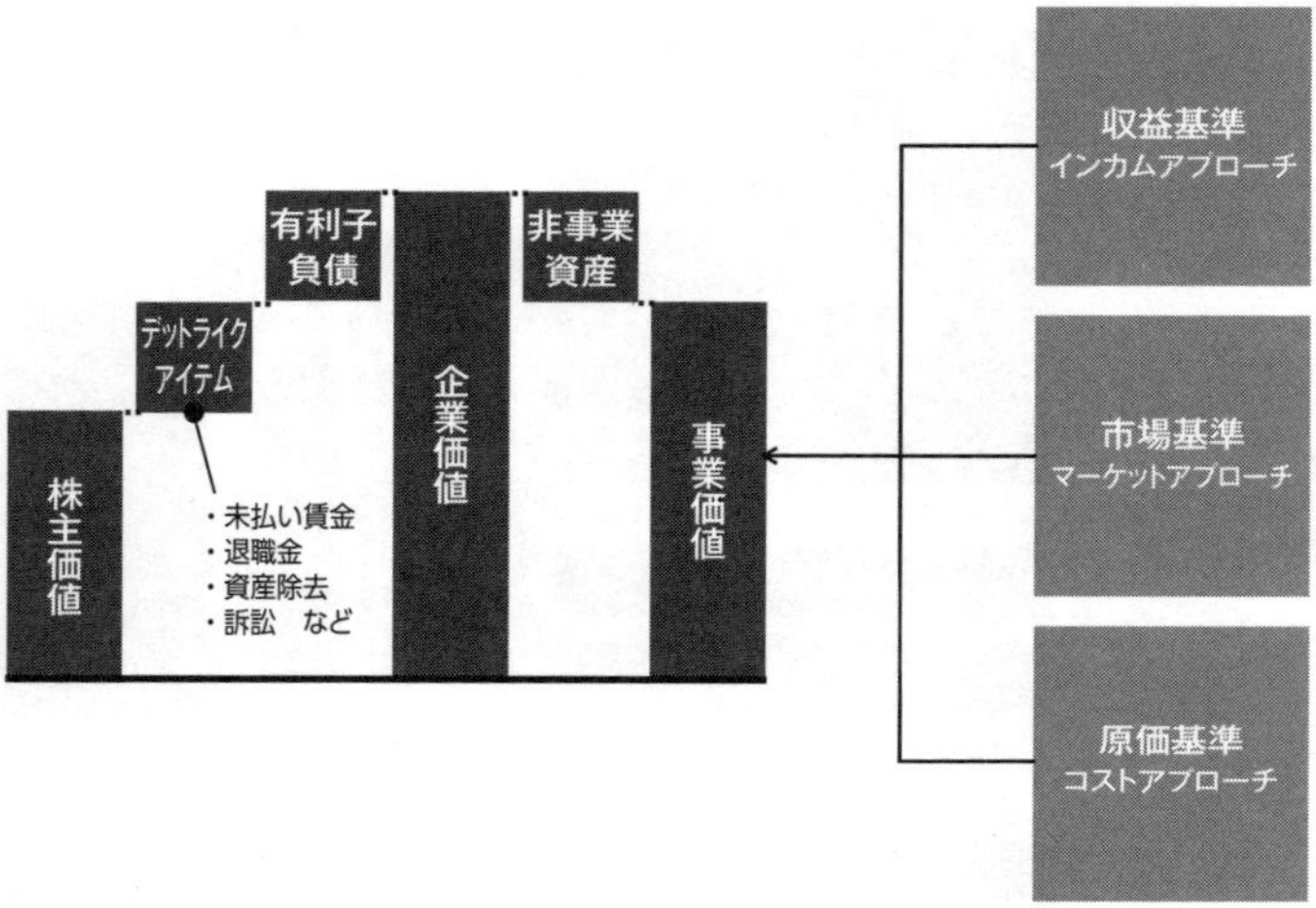

持っている事業の価値について、**バリュエーション**という方法を使って算出します。バリュエーションには3つのアプローチがあります。

1つ目が**収益基準**（**インカムアプローチ**）です。インカムアプローチでは、その事業が将来どのくらいの儲けを出すかを計算して、事業の価値を導き出します。

2つ目が**市場基準**（**マーケットアプローチ**）で、事業を売却するとしたら、市場でいくらで売れるかを調べて算定する方法です。

3つ目が**原価基準**（**コストアプローチ**）です。その事業をまたゼロから作り直すとすると、どのくらいのコストがかかるかという観点で算定します。

このあたりの手法は、厳密にやると相当

大変になりますから、概念的に理解して、簡易的に計算できるくらいで十分です。

要するに、事業がどのくらい稼ぐかというアプローチと、どのくらい市場で評価されているかというアプローチ、それに、事業をゼロから作るのにどのくらいかかるかというアプローチの3つから、事業価値を計算するということです。

こうしたアプローチによって、会社の持つ事業の価値を導き出します。そして、その事業価値に、会社が持つ事業に関わらない部分の資産（**非事業資産**）を加えます。一番わかりやすいのが現金ですね。中小企業はオーナーの個人資産として余剰現金や事業に関係のない遊休資産を持っていることが少なくありません。それらを事業価値にプラスすると、**企業価値**になります。

また、企業価値から借金などの負債の額を引き、さらに細かくいうと、**デットライクアイテム**という将来的に支出する可能性の高い項目を引いていくと、それが株主が有する価値である**株主価値**になります。この株主価値が、みなさんが会社を買うときに準備すべき金額となります。

デットライクアイテムには、未払い賃金や退職金、訴訟による費用、閉店のためにかかる資産除去の費用などが含まれます。

ＥＢＩＴＤＡマルチプルでの計算方法は、設備投資で生じる減価償却の多寡や税金などの影響を受けずに判断できる指標であるため、Ｍ＆Ａの業界では広く使われています。みなさんが会社を買うときの目線としてEBITDAマルチプルが何倍なのかを説明すれば、各プレイヤーにスムーズに伝えることができます。

ここまで、個人M&Aで最低限必要な用語について説明してきましたが、これらの用語が頭に入らない方は、会計を勉強することを強くおすすめします。拙著『サラリーマンは300万円で小さな会社を買いなさい　会計編』では、必要最低限の会計知識が簡単に理解できるように記していますので、ご一読ください。

事例3　個人M&Aに乗り出してはみたものの……

個人M&Aはキビシイ

サロンのメンバーたちは、個人M&Aを経て資本家になるという夢を実現するため、その歩みを一歩一歩進めています。しかし、当然のことですが、現実の道のりは楽なものではありません。

その理由としては、まず、個人が会社を買うという概念が、M&A業界ではそれほど広がっていないからです。

M&A業界では、M&Aとは企業がするものというのがこれまでの常識でした。ですから、M&A業界のプレイヤーたちが、近頃増えてきた個人プレイヤーに対して見せる反応は、決して「ウエルカム」というような優しいものではありません。どちらかというと、部外者に対応するように冷たい反応であることが多いようです。

〇男性40代

事業引継ぎ支援センターなどの公的な窓口が、個人に対して、思いのほか塩対応です。ここで心が折れちゃう人ってけっこう多い気がするんですよね。私の場合は、本を読んで感銘を受ける→支援センターに行ってみて、思っていたのと違うと感じる→これはひとりで動いているだけじゃ無理→サロン入会という流れでした。

〇女性30代

「後継者不足で困っているなら助けたい！」と思って、事業引継ぎ支援センターに行くと、塩対応&起業をすすめられる。

〇男性

地元商工会議所主催の企業支援セミナーで、地銀の方と話す機会があり、後継者不足で悩んでいる経営者が多いとのことで、自分が「M&Aを希望しているのですが」と伝えた途端、「見ず知らずの人に譲ることはまずないですね」と冷たくあしらわれました。

個人より法人のほうが強い

これらは、サロン発足（2018年8月）の初期メンバーが活動していく中で生まれたコメントで、年を経るごとに個人のM&Aへの風当たりは穏やかになってきています。実際に、最近では、事業引継ぎ支援センターが開催するセミナーに私が呼ばれ、個人M&Aの基調講演を要望されることも増えてきました。ただ、それでも、M&Aを実際に行うプレイヤーとしては、企業（法人）のほうが多く、M&Aは企業がやるものという固定観念はまだ根強くあるため、企業のほうがより信用され、個人はあまり信用してもらえない状況にあります。加えて、資金面でも、個人では法人に勝てない部分が多いです。

そんな中で、サロンのメンバーたちは戦っています。

○女性30代

M&Aの交渉がいい感じで進んでいると思っていたら、突然、自分（個人）の買収予定金額の3倍を提示するライバル（法人）が現れ、案件を奪われる。あとはもうビジネスライクに決まる。去る者は追わず、次へ行こう。

案件を取られた悔しさから、「買うぞ！」という気持ちが高ぶり、大して興味がない事業の案件にまで目についてしまう。一晩、眠って、冷静になった頭で見ると、自分が経営&実務をやるイメージが湧かない会社の情報を漁っていたことに気づく。

◯男性

感じたことは、現在のM&Aの市場は圧倒的に売り手市場であるということです。M&Aのマッチングサイトを経営する会社のセミナーでは、1件の公開案件に対して30~40件、多いところだと50件以上の交渉の申し込みがあるとのことでした。

そんな過当競争の中で、企業経営の経験や潤沢な自己資金のないわれわれのような一介のサラリーマンが、具体的にどういった観点や切り口で事業承継に取り組むべきでしょうか。どういった方法であれば、競合の中に埋もれなくて済むのでしょうか。

個人が法人に勝つために

個人が法人にどうやって勝つのかというのは、サロンでもずっと課題でした。その方法については、メンバーたちとも何度も議論を交わしてきました。

個人が法人に勝てない部分は、細分化すると、信用度と資金面です。資金面については、自分で買える範囲に絞ればよく、足りなければ銀行から借りればなんとかなります。

問題は信用の部分です。M&Aの経験のない個人が、M&Aを行っている法人と渡り合うほどの信用を得るには、どうすればいいのでしょうか。

当初、サロンのメンバーには、個人で相手にされないのなら、法人になればいいと話していました。いまは、株式会社なら20万円、合同会社なら5万円を出せば、作ることができます。ひとりでも、仲間を募ってでもいいので、法人を作り、その名刺を持っていけば、少しは信用度が上がるだろうということです。

サロンの場やメンバー同士の勉強会などで、M&Aや会社経営に関する知識をつけるというのも、個人の信用度を上げるための方法でした。

しかしそれでもM&Aの経験がないことは補えません。法人という形を整えて、知識をつけても、「M&Aや企業経営について、どんな経験がありますか?」という質問に軽く吹き飛ばされてしまうのです。経験のない個人が法人と渡り合える程度の信用を得るにはどうすればいいのかについては、なかなか答えが出ませんでした。

しかし、その状況に風穴を開ける経験が訪れます。それは、2019年初夏、私たちサロンのメンバーが初めての合宿を行った千葉県いすみ市でのことでした。

個人が束になる

サロンの合宿にいすみ市を選んだのは、サロンの中に、いすみ市の商工会に伝手のあるメンバーがいたからです。そのメンバーが商工会の方と話をする中で、いすみ市とその周辺には事業承継の必要な会社がけっこうあることがわかりました。それなら、いすみ市とサロンが合同で事業承継につながるようなイベントを一緒にやりましょうということになったのです。

そして、このイベントに合わせて、サロンメンバーのつながりを強める合宿もしようということになり、私たちは20人ほどのメンバーでいすみ市を訪れました。

私たちは、いすみ市で思いのほか歓待されました。イベントには、市長以下、市役所の方々、商工会の方々などがこぞって参加し、さまざまな情報交換ができました。

さらに、いすみ市は、事業承継を考えている地元企業を巡るツアーを企画し、われわれメンバーを案内してくれたのです。

紹介を受けた会社は、いすみ市で移住が増えている富裕層を顧客に持つ自動車整備工場、航空機のファーストクラスで提供される乳酸品を加工販売する会社、テレビで有名になった食堂、古い歴史を持つ銭湯など、いずれも事業承継をして次世代に残すべき会社ばかりでした。

そして私たちサロンといすみ市は、今後も連携して、いすみ市とその周辺の企業の事業承継を進めていくことになったのです。

このいすみ市での経験が、個人が法人に勝つための大きなヒントになりました。

私たちは個人でしたが、サロンという束になることで、いすみ市で歓待され、さまざまな事業承継案件に出会うことができました。たとえ個人であっても、それが束になれば、信用度が高まり、相手の対応が変わったのです。

今後、メンバーたちは、いすみ市と連携をして地元企業の事業承継に携わっていきます。サロンという束の信用度が上がり、その束の中で個人として動くことで、法人にも勝てる確率を上げていくことができるでしょう。

私たちは個人であっても、それが「束」になればいいということに気づいたのです。個人と法人の間には、「個人の束」（コミュニティやサロン）という段階があったわけです。これは私たちにとって大きな発見になりました。

私たちはこの経験を「いすみ市パッケージ」と名付け、それ以降、さまざまな地域と連携をしながら、同じようなイベントを進めています。2020年3月の第2回サロン合宿では、東伊豆市から助成金まで出していただき、同様の事業承継のイベントを行いました。事業承継は結婚のようなものですから、すぐに相思相愛となって案件が進むわけではありませんが、今後、このような取り組みを広げることによって、個人のM&Aを後押ししていくことができればと思っています。

Just Do It

私がサロンを立ち上げなければ、個人が束になることはできませんでした。個人の束が生まれなければ、いすみ市や東伊豆市の事例は生まれていません。サロンでは、すでに10名以上が会社を買っていますが、みんな素人ながら、とにかく手当たり次第にできることをやってみるという精神で活動しています。やはり動いてみることが大事なのです。いすみ市への訪問では、また別の気づきを得たメンバーもいました。

○男性

いすみ市の担当者の方の言葉が印象に残っています。「廃業を選択する経営者が、なぜ事業を引き継がずに廃業するのか？　なぜ事前相談しないのか？　そのひとつに「プライドの問題がある」とおっしゃっていました。事業承継がうまくいき、会社の業績が回復した場合、自分がうまくできなかった事実を認めてしまうことになるから、と。

高齢経営者が廃業を選択する理由。

①会社を売買する（できる）という情報がない。

②自分の会社が売れる価値があることに気づいていない。

③プライドの問題。

この③が追加されました。これはかなり慎重に進めていきたいところです。

このように、動けば、新しい段階に進めますし、それまでは気づけなかった新しい知識も生まれてきます。一歩踏み出せば、見える景色が変わるのです。

私たちのサロンのモットーは「Just Do It」です。それが正しいことを再認識できた、いすみ市での経験でした。

第4章 情報収集から基本合意まで

情報収集から基本合意までの流れ

ここまでのプロセスで、みなさんは、どんな会社を買いたいかの方針を立て、プレゼン資料を作り、ソーシングを始めたところです。この第4章では、買収候補の会社についての情報収集から、買収したい会社と基本合意契約を結ぶところまでを解説します。まずは、そこまでの流れを見てみましょう。

ソーシングでは、M&Aマッチングサイトを見たり、FAや仲介などのプレイヤーとつながりを作ったりする中で、買収候補の会社の情報を集めます。みなさんはそこでまず**「ノンネームシート」**と言われる情報を手に入れます。ノンネームシートは、FAや仲介が持っている売り案件の情報です。マッチングサイトに上がっている情報がそれですので、みなさんもイメージしやすいでしょう。

ノンネームシートは会社が特定されないよう、限られた情報にとどめられています。会社の名前は出ていませんし、事業も概要程度で、所在地もざっくりとしています。

みなさんはノンネームシートを見て、「この会社、よさそうだな」「事業内容を詳しく知りたい」と思えば、その会社と連絡を取って、**NDA（秘密保持契約）**を結びます。NDAで情報を漏らさないことを約束した上で、さらに詳しい情報をもらうわけです。

そして手に入れるのが**インフォメーション・メモランダム（IM）**です。IMには会社

基本合意契約までの流れ

ノンネーム	会社が特定されない程度の概要情報
▼	
NDA	詳しい情報を得るために、秘密保持契約を結ぶ
▼	
IM	会社名、事業内容、財務状況、資本構成、組織概要などの詳細情報
▼	
QA	IMをチェックして、疑問点などを問い合わせる
▼	
面談	売り手オーナーに直接会い、データには表れない情報交換をする
▼	
基本合意契約	買収価格や独占交渉権などの条件を織り込む

の実名、所在地、事業内容、財務状況、資産構成、組織概要など、会社の詳細な情報が載っています。買い手はＩＭを分析して、さらに知りたいことがあれば、メールなどで売り手側に問い合わせます。

　会社の詳細を知った上で、それでも「この会社を買いたい」と思ったら、**「面談」**に進んで、実際にオーナーに会って話を聞きます。Ｍ＆Ａではこの面談が重要になります。序盤の山と言っていいでしょう。

　面談を経て、「この会社、やっぱりいいな」との思いが変わらず、さらに売り手側も交渉を進めることに合意すれば、**基本合意契約**を結ぶという流れになります。ただし、基本合意契約を結んだからといっても、買うことが決まったわけではありません。

　基本合意契約は、「買う前提なので、も

う少し詳しく見せてください」という、M&Aの実行フェーズに入るための約束という位置づけになります。

会社の情報収集から基本合意契約までは、以上のような流れで進みます。では、それぞれのプロセスを細かく見ていきましょう。

ノンネームシートは数を集めよう

まずは買収候補の会社の情報を集めるプロセスです。みなさんのここでの目的は、とにかく、**ノンネームシートの情報をたくさん集めること**です。ノンネームシートはM&Aマッチングサイトを見れば載っていますし、FAや仲介から紹介を受けて手に入れることもできます。

ノンネームシートにはざっくりとした会社の情報が載っています。会社の名前はありません。所在地は、関東などの地方レベルか都道府県までです。会社や事業については、簡単な事業内容や特徴、社員数、設備内容、簡単な財務情報（売上高や営業利益）が書かれている程度です。さらに、売却希望価格と売却理由、売却方法が載っています。希望価格は、金額が指定されていることもあれば、「純資産＋営業利益何年分」という書き方もあります。

ノンネームシートがあるということは、オーナーが「会社を売る」と決めて、FAや仲

ノンネームシートの例

会社概要	所在地	関東
	事業内容	環境機器の製造販売
	特徴	熟練工を多数有し、大手企業への販売
	社員数	10名
	設備内容	製造工場／機器／車両
案件概要	スキーム	株式譲渡
	売却理由	オーナー高齢のため
	希望価格	純資産+営業利益4年分
財務状況	売上高	3億円
	営業利益	0.4億円
	純資産	0.5億円
	有利子負債	0.8億円

介に依頼していることになります。すでに**「案件化」されている会社**ですね。

ソーシングの説明でも触れましたが、事業承継の必要がある会社がすべて案件化されているわけではありません。事業承継をする方法を知らない、そもそも自分の会社を売れるなんて思っていない中小企業のオーナーが多いのです。案件化されていない会社には、当然、ノンネームシートはありません。

自分の取引先や知り合いなどを回ってソーシングする場合は、案件化されていない会社に出会うことが多いでしょう。その中でよさそうな会社があれば、オーナーさんと話をしながら、**自分でノンネームシートレベルの情報を手に入れなければなりません**。これがいわゆる**案件の発掘**です。案件の発掘のためには、相手から信用を得るという地道な作業が必要になります。

要するに、この段階では、M&Aマッチングサイトを見たり、M&Aのプレイヤーを回ったり、自分の伝手を使うなりして、会社の情報をたくさん集めていくことになります。100社でも200社でも、できるだけ多く集めて、気になる会社、興味が持てる会社がないか探していきましょう。

ちなみに、**自分の買いたい会社の条件をノンネームシートのような形にまとめておく**と、FAや仲介などのプレイヤーに会ったときに、自分の希望をわかりやすく伝えられます。

守秘義務はないがしろにしない

ノンネームシートレベルの情報を見て、よさそうな会社があったら、次は、その会社と**守秘義務契約を結びます**。情報を漏らさないことを約束して、さらに詳しい情報をもらうわけです。

業界では守秘義務契約のことを、**NDA**（Non-Disclosure Agreement）といったり、**CA**（Confidential Agreement）といったりします。こういう専門用語は、一応、頭に入れておいてください。たとえば「NDAをください」と言われて、「DNAとはなんですか？」なんて言ってしまうと、相手はがっかりして、話が進まなくなるからです。

秘密保持契約とは、「ここで得た情報は外には漏らしません」と約束することです。細かく言うと、秘密保持の対象となる情報を定義して、その情報をM&A以外には使わないことや第三者に漏らさないことを約束します。情報を漏らして損害が出た場合の損害賠償の方法や契約の有効期間などについても定めます。

このように詳しく説明すると大層な契約のように聞こえますが、買い手の立場からすると、秘密保持契約は、契約内容をそれほど気にせずに結んでも大きな問題になることはありません。

しかし、**売り手のオーナーにとってはそうでない**ことを覚えておきましょう。秘密保持契約は、売り手にとって、買い手が想像する以上に大切な契約です。なぜかというと、会社の情報を外部に出すのは、**さまざまなリスクに会社を晒《さら》すことになる**からです。

たとえば、競合相手がM&Aを装って情報を取りにくることがあります。私のファンドでも経験がありますが、ある会社を売りに出したら、競合相手の会社が入札に参加してきたことがありました。競合会社が入札で一番高い値段を出してきたので、ちょっと不安に思いながらも、それなりの情報を出し、経営陣と面談してもらいました。しかしその競合会社は、情報を取るだけ取っておいて、次の入札には参加しなかったのです。

こういうことは珍しいことではありません。また、たいていのオーナーは、会社を売ろうとしていることを、従業員や取引先、銀行などに知られたくないと思っています。その可能性を高めることにもなるので、オーナーとしては、情報を外に出すことにはセンシティブにならざるをえないのです。

ちょっとした行動が信頼度を分ける

こうしたオーナーの気持ちを理解せずに、情報をぞんざいに扱っていると、オーナーからの信頼を得ることはできません。逆に、こうした部分で**オーナーの気持ちへの配慮を示せれば、オーナーからの信頼を得られやすくなります**。

たとえば、オーナーと面談をするときです。テーブルにはきっとIMや財務諸表などの書類が並んでいるでしょう。そこに、従業員がお茶を出しにきたら、みなさんはどういう行動をするでしょうか。

オーナーというのは、たいてい、会社を売ろうとしていることを従業員には知られたくないと思っています。ですから、そういうときは、パッと書類を隠して、書類が従業員の目に入らないようにしたほうがいいでしょう。

書類を隠さなくても、お茶を出しにきた従業員が見るとは限りませんし、そもそも、その従業員はオーナーが会社を売ろうとしていることを知っているかもしれません。それでも、そうやって書類を隠すことで、みなさんがオーナーの気持ちを理解して配慮ができる人間だということを示すことができます。

これが逆に、書類を広げたまま何もしなければ、そういう配慮ができない人間だと思われてしまうかもしれません。実際の現場では、このような**ちょっとした行動の違いが、オーナーからの信頼度に大きく関わってきます**。

インフォメーション・メモランダム

NDAを結んだら、会社の詳細な情報として、**インフォメーション・メモランダム（IM）**という、FAや仲介がまとめた資料をもらえます。

IMを分析して、「その会社に本当に買う価値があるのか」を調べるのが、**初期デューデリジェンス**というプロセスです。

IMは、ノンネームシートと同様に、案件化されていない会社にはありません。案件化されていない会社で初期デューデリをするためには、**自分でIMレベルの情報を手に入れる必要があります**。そのためにもIMのポイントを理解しておきましょう。そうすれば、案件化されていない会社を見る目線もわかってきます。

初期デューデリジェンスのポイント　何をチェックすればいいのか

では、初期デューデリの方法として、ＩＭを見るポイントです。

「会社の概要」には、本社の所在地、代表者、株主構成、関係会社、従業員数、支社、工場のほか、資本金、純資産、売上、利益などの情報が書かれています。これらは会社の基本的な部分なので、ひと通り確認しておきましょう。これらの項目で抜けがあると、会社のことをわかったとはいえません。

とくに**株主構成についてはしっかりと見ておきましょう**。もしオーナーが１００％の株を持たず、ほかにも株主がいる場合、会社を買うには、その株主とも交渉をする必要が出てきます。オーナーとの合意内容について、ほかの株主も納得して株式譲渡に応じてくれればいいですが、そうはいかないこともあります。交渉相手がひとりではなく、複数になると、それだけ不確定要素が増えます。株主構成はＭ＆Ａの成否に関わる重要なポイントになるのです。

「事業概要」には、その会社のビジネスについて書かれています。ビジネスがどのような流れで組み立てられているか、主要な商品は何か、主要な顧客はどう構成されているか、仕入先はどこで、取引条件はどうなっているかなどをチェックしましょう。ビジネスに必要な許認可があるか、ある場合は、それを維持できるかどうかの確認も必須です。その会

デューデリのポイント

会社概要	本社所在地／代表者／株主構成／関係会社／従業員数／純資産／売上／利益など
事業概要	商流／主要製品／主要顧客／主要仕入品／取引条件／許認可など
組織構造	役員構成／役員経歴／組織図／職位制度／ガバナンス体制／関連会社状況など
従業員	従業員数／平均年齢／平均勤続年数／保有資格／雇用形態／男女別など
ビジネスフロー	研究開発／製造／サービス／販売／物流／調達など
市場環境	市場規模／市場シェア／市場成長率／競合他社など
財務／会計	PL ／ BS ／ CF ／関係会社財務内容など
資産内容	所有不動産／特許／ライセンス／償却資産／リース資産／担保差入など

社のビジネスについて大枠は理解するようにしましょう。

「組織構造」では、役員構成はどうなっているか、どういう人が役員をしていて、彼らは会社に残ってくれるのか、業務の所管はどうなっているかを確認しましょう。職位制度やガバナンス体制、関連会社の状況についてもチェックが必要です。

「従業員」に関しては、従業員数、平均年齢、平均勤続年数、男女比、雇用形態などを確認しておきましょう。とくに平均勤続年数については、短いと、すぐ辞める人が多いということですから、短い場合はその会社のビジネスの継続性に疑問符がつきます。また、従業員が持つ資格で、その会社のビジネスに必要なものがあれば、その内容、保有状況についても確認しておきましょう。

以上が、会社を知るための必要最低限のチェックポイントです。さらに細かく見るなら、仕入れや商品開発、取引などの状況についてプロセスごとに確認したり、その会社の置かれた市場環境を調べたり、ＢＳやＰＬをより詳細に分析したりします。

以上の点についてチェックをした上で、疑問点があれば、売り手オーナーや仲介などに問い合わせ、必要な資料があれば、売り手オーナー側から取り寄せて確認をします。そうすることで、そこがどんな会社なのか、よい会社なのかどうかがわかってきて、交渉をさらに進めるべきかの判断ができるようになります。つまり、**この判断ができるように材料を集めるのが初期デューデリジェンス**ということです。

面談がM&Aの成否を分ける

さて、ＩＭを分析して、交渉をさらに進めたいと思ったら、次のプロセスは**「面談」**になります。Ｍ＆Ａは、とにかく、この面談に辿り着かないと話が進みません。Ｍ＆Ａ序盤のやりとりはすべてこの面談に辿り着くためにあると言ってもいいでしょう。

ソーシングの説明のときに、最後に口説き落とすという話をしましたが、ここでそれをしなくてはなりません。面談でオーナーを口説き落とせてこそ、Ｍ＆Ａを実行フェーズへと進めていけるのです。

ここまでのプロセスは、たいていは、双方が直接、顔を合わせることなく、ＦＡや仲介を通じたやりとりです。それらを通じて、買い手としてのアピールをしてきたわけですが、そうしたやりとりで伝えられることには限界があります。

やはり、**直接、顔を合わせて話をすることで得られる情報量は膨大**です。言葉以外の情報も伝わります。立ち居振る舞い方、言葉遣い、顔の表情などにも気をつけなければなりません。買い手であるみなさんとしては、この面談で、自分がどんな人間か、自分がいかに後継者にふさわしいか、その会社をこれからどうしていきたいかなどを、改めてプレゼンしなくてはなりません。

サロンメンバーですでに会社を買った人たちは、最初の面談で、オーナーに気に入られたという人が多いです。そして彼らが共通して口にするのが、**熱意を伝えることの大切さ**です。それには私も同意します。私も面談では、その会社を買いたいという熱意を伝えるとともに、その会社を買ってどうしたいかという**「夢」を語ります**。それができてこそ、オーナーを口説き落とすことができるのです。

ですから、面談に向けては、しっかりと事前に準備をしましょう。資料の準備も必要です。プレゼンも十分に練習してから臨みましょう。

また、面談では、自分をアピールすると同時に、**オーナー側の状況、会社の状態についての情報も得なければなりません。**

この面談で双方が相手をどう思うかが、M&Aの成否を左右します。ここがM&A序盤の〝山〟になります。

そして面談を終え、双方が交渉を先に進めることに合意すれば、**基本合意契約を結ぶ**ことになります。

基本合意契約① 買収価格の取り扱いは慎重に

面談が成功し、基本合意契約を結ぶ段階まできました。基本合意契約は、業界ではもっぱら**「MOU」**という言い方をします。MOUとは、英語の「基本合意書」である「Memorandum of Understanding」の頭文字からきています。

では、基本合意契約を結ぶ際の注意点について見ていきましょう。

基本合意契約というのは、前にも触れましたが、「必ず買います」という約束ではありません。買収価格を示し、その価格で買う前提で「もう少し調べさせてください」という約束に近いです。ただし、上場企業などの場合、基本合意を結べば、経営上の重要な決定事項として判断され、プレスリリースが必要となるため、買収という行為に対してはかなり確度の高い意思決定となります。

買収価格は、基本合意契約の段階では、たいてい「1億～2億円」などと幅を持たせて書きます。というのも、基本合意契約のあとの本格的なデューデリジェンスで、あるはずの在庫がないとか、損失になりそうなものが見つかるなど、減額する要因があるからです。そのときに価格を変更できるように、**この段階では幅を持たせておきます**。

買収価格は、M&Aでもっとも大事な数字と言ってもいいでしょう。オーナーさんは買い手に対して、「こんなビジネスを展開してほしい」「従業員や取引先を大事にしてほしい」など、いろいろな要望を出してきますが、それらをすべて叶えても、買収価格に納得しなければ、交渉は前に進みません。

ですから、**買収価格の取り扱いは「慎重に」**です。

オーナーさんと初めて会ったその日に、財務諸表だけをパパッと見て、「買収価格はこんなものですね」なんて言うのは最悪です。個人M&Aは、オーナーさんとの関係がまだ築けない段階で、数字だけで事を進められるものではありません。

基本的に、中小企業のオーナーさんは、M&Aの知識を持っていません。会社の値段のつけ方も相場観も知らないのが普通です。そのため、オーナーさんの中には、相場からかけ離れた価格を考えている人もいます。

そんなオーナーさんに、こちらの提示する買収価格を納得してもらうには、**オーナーさんに信用してもらうことがベースになります**。その上で、その値段になった理由を、根拠をもって説明できなければなりません。

基本合意契約②　買収価格提示のノウハウ

買収価格を提示するときの私のノウハウを伝授しましょう。オーナーさんが〝その買収価格に納得できる環境を作る〟というノウハウです。

大切なのは、買収価格の提示の前に十分、下準備をすることです。具体的には、オーナーさんとの会話の中で、**中小企業の一般的な価格のつけ方や市場の相場観などの情報にさりげなく触れていく**のです。「一般的には、純資産に営業利益の3年分くらいを足すみたいですよ」とか、「似たような会社の売買事例では、このくらいの価格がついたようですよ」といった話をするわけです。

そういう話をすることで、オーナーさん自身が「自分の会社はこのくらいの値段かな」というだいたいの予想がつくようになっていきます。その予想ができたところで、買収価格を提示していくわけです。

いろいろな情報を示すことで、オーナーさんの中に、買収価格のストライクゾーンができ上がります。そこにストライクの球を投げ込んでいくというイメージです。

言い方もズバッとは言いません。「このくらいが相場みたいですよ」というような、**柔らかい言い方で伝えます**。オーナーさんがそろそろ準備ができた頃か、伝えても大丈夫なタイミングかを、オーナーさんの言葉の端々や顔色、雰囲気から探りながら伝えていきます。間に仲介やFAが入らない場合は、このような作業が必要になります。

とにかく買収価格の取り扱いは慎重にしましょう。基本合意契約で幅を持たせる場合も、あまり幅を持たせすぎると、売り手側はいい気がしません。また、デューデリの結果だからといって、価格を大きく下げるのもよくありません。たとえば、2億円で提示して、デューデリのあとに、「5000万円になりました」というのはちょっとありえません。そういうことがないように価格を設定することも大切です。

また、**減額要因がありそうな場合は、MOUの段階でその可能性を示しておく**ことが鉄則になります。たとえば、店舗の撤退費用がかかりそうだったら、その可能性があることをオーナーに伝えて、見積もりを出し、その分の減額の可能性があることをMOUで示しておくのです。そうしておけば、本格的デューデリの結果、実際にその費用が発生することが判明し、買収価格を減額することになっても、「そんな話は知らん」ということにはならず、最低でも交渉には応じてくれるでしょう。

基本合意契約③　独占交渉権は取っていくもの

買い手として、MOUにぜひとも入れておきたいのが**「独占交渉権」**です。独占交渉権とは、基本合意契約のあと、一定期間はあなたとしか交渉しませんという権利です。

独占交渉権は売り手側にはデメリットになるため、あまり認めたがりません。しかし買い手としては、このあとの本格的なデューデリジェンスには、ある程度のコストをかけていくわけです。ここで独占交渉権を取っておかないと、弁護士に100万円払ってデューデリしたのに、ほかの会社とも交渉していて、そっちに取られてしまった、ということにもなりかねません。また、買収資金を銀行と調整していたのに、反故《ほご》にされたとなれば、銀行に対する信用も落ちてしまいます。

ですから、買い手としては、「ウチがコストをかけて本気でやっているときに、オーナーがほかと交渉するのはフェアではない」といった**納得感のある合理的な説明をして、独占交渉権を取っていく**ようにしましょう。

M&Aの解説本では、「MOUに独占交渉権がついているのは当たり前」という書き方をしているものが多いですが、実際の現場では**それは当たり前ではありません**。現場では、常に売り手と買い手のせめぎ合いがあります。その中で、売り手オーナーさんに理解をしてもらって独占交渉権を入れてもらうというスタンスが大切なのです。M&A業界のルールを押しつけるのではなく、お互いに納得できる解を作り上げていくという伝え方が案件をスムーズに進めるコツになります。

基本合意契約の内容

買取スキーム	株式全部譲渡／株式一部譲渡／事業譲渡など(第6章参照)
買取価格	譲渡価格をレンジで表記／DD後に修正／減額要因がある場合は明記
独占交渉権	売り手にはデメリットだが、DDコストなどを伝達し、明記
実行期限	不慮のトラブルも織り込みながら、合理的に長めの期間を設定要求
キーマン条項	オーナーや役員などの慰留人員や各条件の明記
秘密保持	NDAを改めてアップデート
現状維持義務	通常の営業／従業員などの条件維持／重要な資産維持など
法的拘束力	買収条件部分を排除
有効期限	実行できなかった場合の最終期限

基本合意契約④ 法的拘束力はない

このほか、基本合意契約で重要な条文をいくつか挙げておきましょう。

「キーマン条項」という条文は、会社やビジネスにとって重要な人物（たいていはオーナーや役員）が退任するのか残るのか、残るのだったら、どういう条件で残るのかを定めます。

「秘密保持」の条文は、NDAをこの段階でアップデートしておくものです。

「現状維持義務」とは、この交渉が終わるまでは、経営は通常通り進めて、大きな資産を処分したり買ったりはせず、いまの状態を維持してくださいという条文です。

そして、基本合意契約の**「有効期限」**を入れて、契約がまとまることになります。

最後に大事な点ですが、ＭＯＵには、（秘密保持条項などを除いて）**基本的に法的拘束力はつけません**。

つまり、契約とはいえ、反故にしてもいいというのが基本合意契約です。契約をする当事者としては、本当は法的拘束力をつけたいところですが、このレベルでは、お互いに相手を信頼してやっていくことになります。

売り手側としては、値段などの条件に変動要因があるので、売却することを確定させたくありません。また、買い手側としても、デューデリで何が出るかもわからないので、その前に買うことを約束することはできないからです。よって、ＭＯＵは本格的なデューデリジェンスを進めるという約束に近い形で結ばれ、デューデリの結果を受けて、細かな条件を詰めながら、最終合意に進んでいくことになります。

おすすめのビジネスモデルとは① ストック収入と拡張性

基本合意契約を結ぶと、いよいよＭ＆Ａの実行フェーズです。実行フェーズでは、本格的デューデリジェンスや事業計画作りなどを進めていくことになりますが、ちょっとその前に、「おすすめのビジネスモデル」についてまとめておきましょう。

おすすめのビジネスモデルのポイントを理解しておけば、デューデリのポイントがわかるからです。買収後の経営の参考にもなるでしょう。

おすすめのビジネスモデルとは、端的に言うと、**「収入が安定していて儲かりやすいビジネスモデル」**になります。具体的には、まず**「ストック収入」**があるビジネスモデルです。ストック収入とは、待っていれば、何もせずとも入ってくる収入のことです。マンションの家賃収入がそれですね。

ただし、マンションの家賃収入の中にもストック収入とはならないものがあります。ストック収入かどうかは、その収入が安定しているかどうかで決まります。

たとえば、ファミリー向けのマンションなら、長期の借り主が多いので、収入は安定して、ストック収入であることが多いでしょう。

一方、ワンルームマンションの場合は、入退去が激しいので、収入が安定せず、ストック収入とはならない可能性があります。同様に、マンションの立地場所によっても収入の安定性は変わってくるでしょう。

その会社にストック収入があるかどうかは、その取引による収入が安定しているかどうかで判断できます。過去10年くらいの取引記録を見て、取引が継続し、かつ収入が安定しているものがあれば、それはストック収入になります。

一方で、売上の額は一定でも、売上先が毎回変わっているとしたら、それはストック収入とは言えないかもしれません。

また、**拡張性のあるビジネスモデル**もおすすめです。大手ファンドが買収していることもありますが、東京で流行している飲食店を買収して、地方へと展開していくケースなどです。東京で流行するのであれば、地方でも流行《はや》るだろうという拡張性を期待して買収するわけです。ほかにも、単価の高い化粧品を購入する優良な顧客を持っているビジネスなら、同じ顧客に健康サプリを販売すればクロスセル（ほかの商品などを併せて購入してもらう販売形式）の拡張性を期待できるかもしれません。拡張性があれば、売上を拡大させて、さらに安定させることができます。

ストック収入、拡張性のいずれも、売上の安定につながります。

おすすめのビジネスモデルとは② 利益率

次のおすすめは営業利益率や粗利率といった**利益率の高いビジネスモデル**です。

利益率の高い代表的な会社がAppleです。Appleの粗利率は6割と言われています。これは競合メーカーの粗利率2～3割と比べると圧倒的な数字ですが、それだけAppleの商品に競争力があるということです。その競争力は、AppleのブランドとiPhoneなどの商品の機能性が生み出しています。**利益率の高さは、その会社が持つ商品やサービスの競争力の高さを示す**のです。

特許や著作権など、権利を持っているだけで収入が入ってくる**権利ビジネス**も利益率の高いビジネスモデルです。権利ビジネスのような、高度に仕組み化されたビジネスモデルは、利益率が高い上に手間もかかりません。そういうビジネスを持つ会社もおすすめです。

おすすめのビジネスモデルとは③ ROE

ROE（Return on Equity＝**自己資本利益率**）が高いビジネスも狙い目です。ROEとは、自分が出したお金である自己資本に対して、どれくらい利益が出ているかを表す指標です。**ROE＝当期純利益÷自己資本**で計算できます。ROEが高ければ、それだけ効率的に利益を上げていることになります。

ざっくり言うと、「たいしてお金を出していないのに、えらく儲かっているな」というのがROEの高い状態で、「こんなにお金を出しているのに、これだけか」というのがROEの低い状態です。

都市部の中小企業のM&Aでよく見られるのが、事業用の土地の価値が高いのに利益率が低い会社です。たとえば、父親から引き継いだ会社が保有する土地が1億円もするのに、純利益が100万円しか出ていないといった会社です。負債の額にもよりますが、基本的にROEは低くなります。無駄に高い土地の上で収益性の低い事業を営んでいる会社ということですから、事業を停止して、マンションにしてしまったほうが利益が出るかもしれません。

当然、このような会社を買う場合でも、資産の価値は高いわけですから株主価値も高くなりえます。その割に利益が出ないのですから、投資対効果は低い案件になるわけです。

一般的には、設備などの事業資産が必要な製造業などはＲＯＥが低く、ネットビジネスのように事業資産が不要なビジネスはＲＯＥが高くなります。

おすすめのビジネスモデルとは④　資金繰り

とくに、おすすめなのは**資金繰りのよい会社**です。会社経営では、なんといっても資金繰りが重要です。**デューデリジェンスでは、会社の資金繰りをしっかりとチェックしなければなりません。**

資金繰りの良し悪しは、取引先との取引条件に大きく左右されます。たとえば、売上を回収するよりも、仕入先への支払いが先という取引条件であれば、売上が拡大すれば、より運転資本が必要となり、そのままでは資金繰りが悪化します。こういうビジネスモデルでは黒字倒産ということもありえます。

一方、売上の回収は早くて、仕入先や外注先への支払いはずっとあとでいいというビジ

買いやすいビジネスモデル

売上が安定	ストック収入／過去からの継続取引／拡張性がある
利益率が高い	商品競争力／権利ビジネス／高度に仕組み化
ROEが高い	設備投資不要／在庫不要
資金繰りがよい	取引条件がよい

ネスモデルでは、資金繰りに困ることはありません。その代表的な例が飲食店です。

飲食店は、毎日、売上が入る一方で、仕入れの支払いはあとでいいという、資金繰りが非常に有利なビジネスモデルです。ただし飲食店は、この資金繰りのよさが逆にあだになってしまうことがあります。要するに、支払いがあとなので、経営者は売上を自分のお金だと思って使ってしまい、いざ支払おうとしたら現金がないということが珍しくないのです。

まとめると、**ストック収入があるか、ビジネスに拡張性があるか、利益率やROEは高いか、資金繰りは安定しているか**という点が、おすすめのビジネスモデルか否かを分けるポイントになります。

デューデリジェンスでも、これらのポイントに注意して見れば、その会社のビジネスモデルが買いなのかどうかがわかると思います。

事例4 会社の〝発掘〟とは……

Aさんの事例

ソーシングは会社を〝発掘する〟というイメージが大事だと書きましたが、サロンメンバーの経験で、まさにそんな話があるのでご紹介しましょう。

サロンメンバーのAさんの事例です。Aさんは40代後半。底抜けに明るく、壁を作らないオープンな性格で、周囲から好かれる人物です。大手証券会社で長年、営業畑を歩んできました。本人曰く、磨いてきた営業手腕で「なんでも売れる」という自信があるそうです。

Aさんは私の本を読んで、「小さな会社を買う」という概念を知り、資本家という生き方にも興味を持ってサロンに入会しました。サロンでは、持ち前の明るさで、いろいろな人とつながり、勉強会など多くのイベントにも参加して、M&Aのための準備を進めてきました。

Aさんは数年前に、父親の知り合いの会社が事業承継を考えているという話を耳にしていました。当時はなんとも思わなかった情報でしたが、サロンに入会し、個人M&Aに向けた準備をする中で、とりあえず会社を買うための「練習」と思い、その会社に接触します。それが2019年2月のことでした。

サロンでは、メンバーがM&Aの交渉を進めるときは、フェイスブックの掲示板に守秘義務に違反しない範囲で報告を行い、私やメンバーからのアドバイスを受けながら、交渉を進めていきます。

Aさんの書き込みを辿りながら、そのM&Aの経緯を見ていきましょう。

○Aさん　2019/2/×

事業承継進捗《しんちょく》報告です!

社長アポ入りました!

父の紹介先で小さい会社なので練習してきます!

この会社は関西にある水産物の食品加工会社です。創業から70年ほどの歴史のある会社で、年間売上は1億5000万円前後、営業利益は2000万円ほどでした。

高齢の夫婦が経営し、子どもはいましたが、後継ぎとはならず、後継者を探していました。

最初の面談で思わず……

次に、Aさんはこんな書き込みをしてきました。

〇Aさん　2019／2／×

進捗報告
食品加工会社編
社長と面談
「明日からでも引き継いでほしい」と言われ!!
サラリーマンが会社を買います!!
本日から私の事業承継チームとミーティングです!!

これが最初の社長面談を終えてのAさんの報告です。いきなりの「買う」宣言に私たちは驚きましたが、Aさんの話を聞くと、Aさんは〝発掘〟したんだなということがわかりました。

Aさんはこの会社を訪問して、大きな工場のある広い敷地にゴミひとつなく、きれいに整頓されているのを見て、経営者夫婦が会社に注いでいる愛情に感動したといいます。

さらに経営者夫婦との会話の中で、Aさんと会長さんとは出身大学、高校とも同じ、社長である奥さんとは出身大学が同じで、奥さんの出身地ともAさんは深い関わりがありました。そんなことから、Aさんはこの会社との「縁」を感じました。

この会社には、Aさんが接触する前に3社くらいから買いたいという申し出があったそうです。いずれも法人で資金力もありました。しかし、経営者夫婦はAさんを気に入ったのでしょう。Aさんは、経営者夫婦から「明日からでも引き継いでほしい」と言われ、表情からも買ってほしいという雰囲気を強く感じたそうです。

そしてAさんは思わず、「自分が買います」と宣言してしまいます。Aさんは、そう言ってしまったあと、内心「仕方ないな」と思ったものの、前向きに進めていくことを決心したそうです。その勢いが掲示板の書き込みにも表れていますね。

メンバーの力も借りながら

買おうと決めたとはいえ、交渉はこれからです。Aさんは守秘義務契約を結び、財務諸表などの資料をもらって、デューデリを進めます。

メンバーからのアドバイスや指摘も役に立ちました。

・人件費など固定費はどうなっているか。
・中小企業は節税のために、報酬を大きくして利益が少なくなっていることがあるので、そこはチェックすべし。
・個人保証はどうなっているか。

私が指摘したのは、人の採用と食品衛生の認証についてです。中小企業では人手を安定して確保できるかは業務を進める上で最重要の問題です。また食品加工業ですから、業務にどんな認証が必要なのかを確認することも必須だと指摘しました。トレーサビリティの表示を曖昧にしたり、衛生管理の甘い食品加工会社であれば、何かあれば一気に事業価値がなくなるどころかマイナスにもなりえるからです。

○三戸

食品加工は、人の採用ができないところが増えてきているので、そのあたりに問題がないか確認が必要ですね。

あと、食品衛生に関する認証をどの程度クリアしているかなど、衛生まわりも要確認です。本来的には、専門的な確認をしたほうがいいと思いますが、コストがかかるので、取引先など周囲から間接的に確認するのも一手ですね。

最後の決断も勢いで

Ａさんの事業承継チームは、私やメンバーのアドバイスも参考にしながら、この会社の財務諸表などを詳しく検討しました。しかし、その結果は、すっきりと買収にゴーサインが出せるものではありませんでした。

経営者夫婦に退職金を出すと、会社の資産と負債とがほぼ同じになったからです。そのため、Ａさんのチームとしてはどちらかというと撤退の方向で調整しようと、３月上旬、３回目の面談に赴きます。一緒に面談に行ったＦＡとは、「借入の個人保証が取れないのなら買収は断ろう」と打ち合わせていました。

しかし、このときの面談で、Ａさんは、経営者夫婦から思いがけない申し出を受けます。それは「個人保証は会長が負ったままで、経営者夫婦ともしばらく会社に残る」という申し出でした。つまり、退職金が発生しない上に、Ａさんが個人保証を負うこともないというものでした。

この申し出については、同行したＦＡに相談してしかるべきだと思いますが、こういう交渉事はタイミングが大切です。こうした申し出をすることで、経営者夫婦は、

Ａさんに「経営者になる覚悟があるか」と問うているのかもしれません。

このとき、Ａさんは「相談している時間はない」と思ったそうです。そして即座に「買います」と言ってしまいました。

さらに会長さんは、「Ａさんの覚悟が聞きたい。お前の言い値でいい。値段を言ってくれ」と畳み掛けます。

それについても、ＡさんはＦＡに相談することなく、自ら値段を提示します。その額は、事業承継チームで考えていた中では最低の値段で、会社の純資産を下回るほどの額でした。しかしその額は、Ａさんが自分ひとりで用意できる額として精一杯のものでした。

その答えに対し、経営者夫婦は一瞬がっくりしたそうですが、それでもＡさんなりの覚悟を感じ取ってくれたのでしょう。「一緒にやるのだから、その値段でいい」と言ってくれたのです。

肌感覚と発掘

オーナーにとって会社は自分の子ども同然です。それを誰かに引き継いでもらうのですから、いくらで買ってもらえるかも大切ですが、「この人なら任せられる」と思えることが絶対に必要になります。「この人なら話せる」ということから交渉がスタートし、「この人なら任せられる」となって「会社を売ろう」となるのです。それがいわゆる〝発掘〟です。

どんなに大金を積もうが、「こいつには任せたくない」と思われれば、個人M＆Aはそれで終わりです。だから私も、交渉の場では、このときのAさんのように、肌感覚や雰囲気を大事にします。相手の表情、雰囲気をよく観察しながら、ここは即座に反応したほうがいいとか、この言葉は使わないほうがいいとかを判断しながら交渉を進めるのです。

Aさんは、それができたということです。だからこそ、ほかに大資本の法人の競合がある中でも、この会社を買うことができました。このあたりの感覚を持つことが、案件の発掘やディールをまとめる際に必要になってきます。

次のコメントは、Aさんがこの会社を買うことを決めたときの書き込みです。その書き込みは、最初の接触の書き込みからわずか1カ月ほどあとのものです。その後の交渉もとんとん拍子で進みました。そして、この書き込みから半年後、Aさんは、経営者としての生活をスタートさせます。経営状況についても聞いていますが、経営はすこぶる順調のようです。

○Aさん　2019／3／×

本日、先方、食品加工会社の代表取締役会長と社長のところへ訪問しました。結果、価格にも合意いただき、9月から私が代表取締役社長に就任することが内定しました。三戸さんはじめ、サロンのみなさまには大変お世話になりました。

(同行したFAに対して)直前までお断りしようと二人で言っていたにもかかわらず、最後は「Aさんの覚悟が聞きたいので、価格を言ってくれ」と言われ、最低価格を言ってしまい、どうなることかと思う中、先方の内諾を得るという難しいディールを無事クローズしていただき、本当に感謝しております。

25年のサラリーマン人生を今年、終焉《しゅうえん》いたします。

第5章 M&A実行フェーズ①
本格的デューデリジェンス

実行フェーズでやること

さてここからは、いよいよM&Aの実行フェーズに入ります。まず、その流れを見ておきましょう。

実行フェーズでは、**本格的なデューデリジェンスを行い、会社の実態を把握します**。実際の作業としては、会社に出向いて、財務書類や取引書類を見せてもらったり、現場を確認したり、オーナーや幹部、従業員などから話を聞いたりします。弁護士や公認会計士などの専門家にデューデリをお願いする場面も出てくるでしょう。

デューデリでは、情報収集と分析に、お金も人手も時間もかかります。買い手として、コストをかけてやっていくところなので、基本合意契約では、なるべく独占交渉権を取っておいたほうがいいという話は、すでにした通りです。

そして、デューデリジェンスで得た情報をもとに、**買収後、どんな経営をするかについて事業計画にまとめます**。会社の経営をどう改善するのか、買い手の持つスキルをどう生かすのか、どんな会社にしていきたいかを計画として形にします。買ったあとの経営を見据えた事業計画のほうが実効性は担保されますし、将来的な売却まで見据えたものであれば、なおいいでしょう。

事業計画を作ったら、基本合意契約ではレンジで示していた**買収価格を確定させます**。

最終合意契約までの流れ

本格的DD	ビジネスDDの最終チェック、財務DD、法務DDなどの実行
▼	
事業計画策定	DDをベースとした買収後の事業計画、KPIの設定
▼	
スキーム検討	株式譲渡、事業譲渡などから最適の譲渡形態を検討
▼	
バリュエーション	DDと事業計画を基に、最終提示する金額を確定
▼	
資金調達	協調投資家、銀行などとの折衝
▼	
最終合意契約	譲渡時に想定される買収後のリスクなども踏まえて契約作成、締結

会社の値段を算定する方法はいくつかあるので、それらを比べながら、その会社の実態に合う方法を選びましょう。同時に**資金調達も進めなくてはなりません**。

その上で、価格と売買条件について売り手側と交渉をし、合意できれば、**最終合意契約書にまとめます**。最後に、契約書の捺印とお金の支払いをして、**M&Aは成立**という段取りになります。

デューデリジェンスとは①
リスクの根拠を把握する

第5章ではビジネス、財務、法務のデューデリジェンスのやり方を見ていきますが、そもそも、デューデリジェンスとは何をするものなのでしょうか。デューデリジェンスについての細かな説明を始める前に、デューデリジェンスの目的について考えてみましょう。

私たちの目的は会社を買うことであり、会社を買うためには、その会社に値段をつけなければなりません。会社に値段をつけるには、その会社の実態を把握する必要があります。そこで何より重要なのが、**会社にリスクはないかを見る**ことです。

たとえば、法務デューデリによって、1000万円の未払い残業代の支払いリスクが発覚したとします。会社買収後に従業員から請求されたら、1000万円を支払う可能性があるということですから、そのリスクヘッジをしなければなりません。そのために、オーナーさんと、MOUで示していた買収価格を下げる交渉をすることになります。

買収価格の取り扱いは慎重に、でした。買収価格を下げることは、オーナーさんにとっては一大事です。素人が自分の感覚でいくら言っても、オーナーさんは納得してくれません。オーナーさんに納得してもらうためには、根拠のある説明が必要です。

この例の場合、未払い残業代の存在とその額を示す資料、支払いを求める従業員の証言、請求されれば支払わなければならない法的な根拠（法令や裁判例など）が必要となるでしょう。交渉では、こうした根拠を持ってリスクを提示しなければ、オーナーさんは納得してくれません。

つまり、このような**「リスクを示す根拠の把握」がデューデリジェンスの役割**になります。それが専門家によるものであれば、より根拠としての重みが増すわけです。

デューデリジェンスとは② オーナーの胸先三寸

ただし、みなさんがやるような**小さなM&Aでは、「デューデリをして減額要因が見つかったので、値段を下げる交渉をする」というセオリーが通じない**ことがあります。というのも、オーナーさんにへそを曲げられて、「もう売らない」と言われたら交渉が終わってしまうからです。

たとえば、デューデリをしたら、店舗の撤去費用が必要だとわかり、300万円くらいの費用が出そうだという専門家のレポートが届いたとします。そうなったら、レポートを売り手のオーナーさんに示して、値段を下げてもらうというのがセオリーですが、それをやった途端に、「そんなことを言うのだったら、もう売らない」と言われてしまうことがあるのです。買い手がほかにいれば、そう言われる可能性はより高いでしょう。

個人M&Aはいわば感情の世界です。**すべてオーナーの胸先三寸**で決まってしまいます。

これが大企業同士のM&Aなら、「リスクが判明して損失が1億円くらい出そうだ」というレポートが出れば、レポートや数字だけを見て交渉に入ることができます。交渉された売り手側としても、その減額を考慮しても経済的合理性に合えば、交渉を続けていくからです。

しかし、みなさんがする個人M&Aでは、根拠を立てて言おうが、専門家に説明させようが、オーナーさんが「もういい」となってしまったら終わりなのです。意思決定が大企業のように分散されておらず、オーナーに一極集中しているからです。

ですから、デューデリで減額要因が出たからといっても、それを提示して交渉するのかどうかは慎重に見極めなければなりません。売り手のオーナーさんの性格やオーナーさんとの関係性、ほかの買い手の有無など、状況に応じて考えたほうがいいでしょう。

デューデリジェンスとは③　オーナーとのコミュニケーションを誤ると……

オーナーさんがへそを曲げて交渉が終わってしまった話を紹介しましょう。

ある大手ファンドが、会社の買収のために3000万円くらいかけたデューデリを終えました。そこで何らかのリスクが見つかったのでしょう。そのファンドは、最終合意間際の交渉で、リスクヘッジのために買収金額の分割払いを提案しました。

しかし、その提案で、売り手のオーナーさんがへそを曲げてしまったのです。オーナーさんは「自分の作ってきた事業が信じられていない」と思ったのでしょう。結局、その売却話は流れてしまい、デューデリにかけた3000万円はパーになりました。そのファンドは、資金調達で準備していた銀行など関係者の信頼も失ったことでしょう。

交渉では、そうした提案自体がリスクになりますし、コミュニケーションの取り方を誤ると、このような重大な結果を招くことがあります。後日、話を聞いたら、やはり、分割提案をした担当者の経験が浅く、その提案の仕方がよくなかったそうです。

どうしてもリスクヘッジが必要で、そのための交渉をしなければならない場合はあります。そういうときに、一方的な言い方をすると反発されてしまいます。相手側の性格や状況を見ながら、買い手側はリスクについて論理的に説明し、売り手側の回答は感情的であることを理解しながら交渉を進め、**相手側に「分割でも仕方ないね」と思ってもらうことが重要**です。**コミュニケーション能力が求められる**ところです。

デューデリジェンスとは④　プラス要因も探す

デューデリジェンスでは、このほかにも、社長がいなくなることで営業が弱くなるとか、商品開発のキーマンが辞めることによるリスクなど、さまざまな部分でマイナス要因を見つける作業をしなければなりません。

一方で、**プラス要因を探すのもデューデリジェンスの役割**です。シナジーが生まれそうな部分、自分のスキルを生かしてバリューアップできそうな部分や改善できそうな部分もプラス要因になります。

デューデリの意味

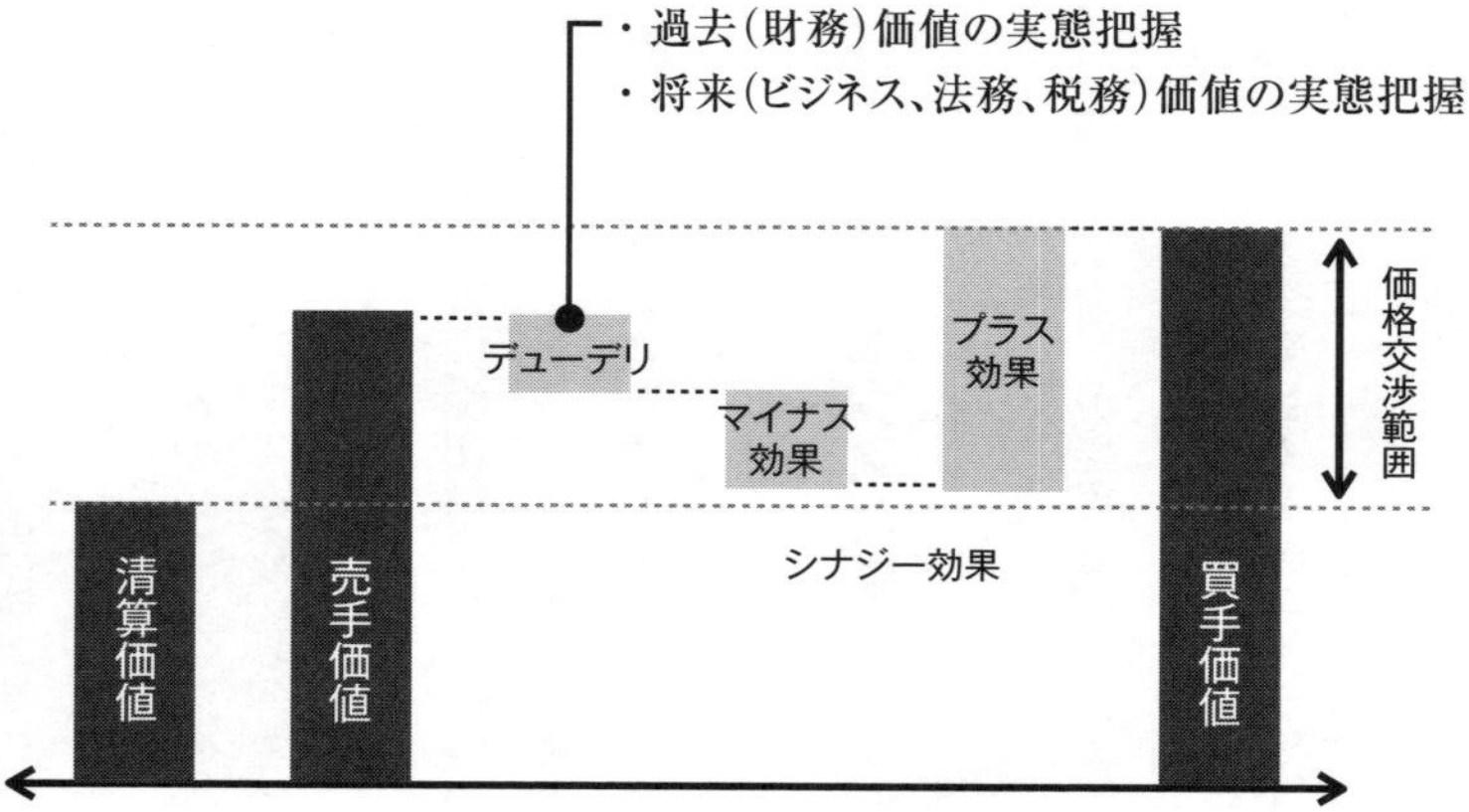

デューデリジェンスの結果、その会社の持つ事業や資産の価値がわかり、見つかったプラス要因を積み上げて、そこからマイナスの要因を差し引くと、そこが買い手としての**買収価格の上限**になります。**買収価格の下限**は、会社の資産をすべて売って、借金などを清算したあとの**清算価値**になります。

買い手としては、この上限と下限の間で、最終的な買収価格を決めることになります。

ただ、先ほども言ったように、個人M&Aは売り手のオーナーの気持ち次第です。オーナーが「1億円でしか売らない」と固く断言しているのなら、減額できる可能性は少ないので、わざわざコストをかけて、大掛かりなデューデリをする必要はないかもしれません。そういうケースでは、デューデリジェンスはしないという判断もありですが、**本当に必要なところだけに絞ってデューデリをする**というのが現実的でしょう。ちなみに、売り手オーナーの交渉パワーが強いという説明をしていますが、買い手側としては、事業承継が必要な会社は何十万社とあるので、交渉がうまく進まなければ、新しいご縁を探しにいけばいいという絶対的真理を忘れないでください。その上で買い手側も交渉パワーを保持して進めていきましょう。

ここで伝えたかったのは、買い手にはあまり見えない売り手オーナー側の心理と、それに寄り添うための伝え方です。

デューデリジェンスの基本は「細分化」

では、デューデリジェンスの進め方について見ていきましょう。デューデリジェンスにはいろいろな種類がありますが、個人M&Aでは、**ビジネスデューデリ**、**財務デューデリ**、**法務デューデリ**の3つのデューデリを行えば十分でしょう。財務や法務のデューデリについては、専門家に任せる部分も出てきますが、基本的なやり方については自分でも理解しておいたほうがいいと思います。

すべてのデューデリに共通するのは**「細分化」**です。細分化してみて、そこにリスクがないかを見ていきます。

基本は「細分化」

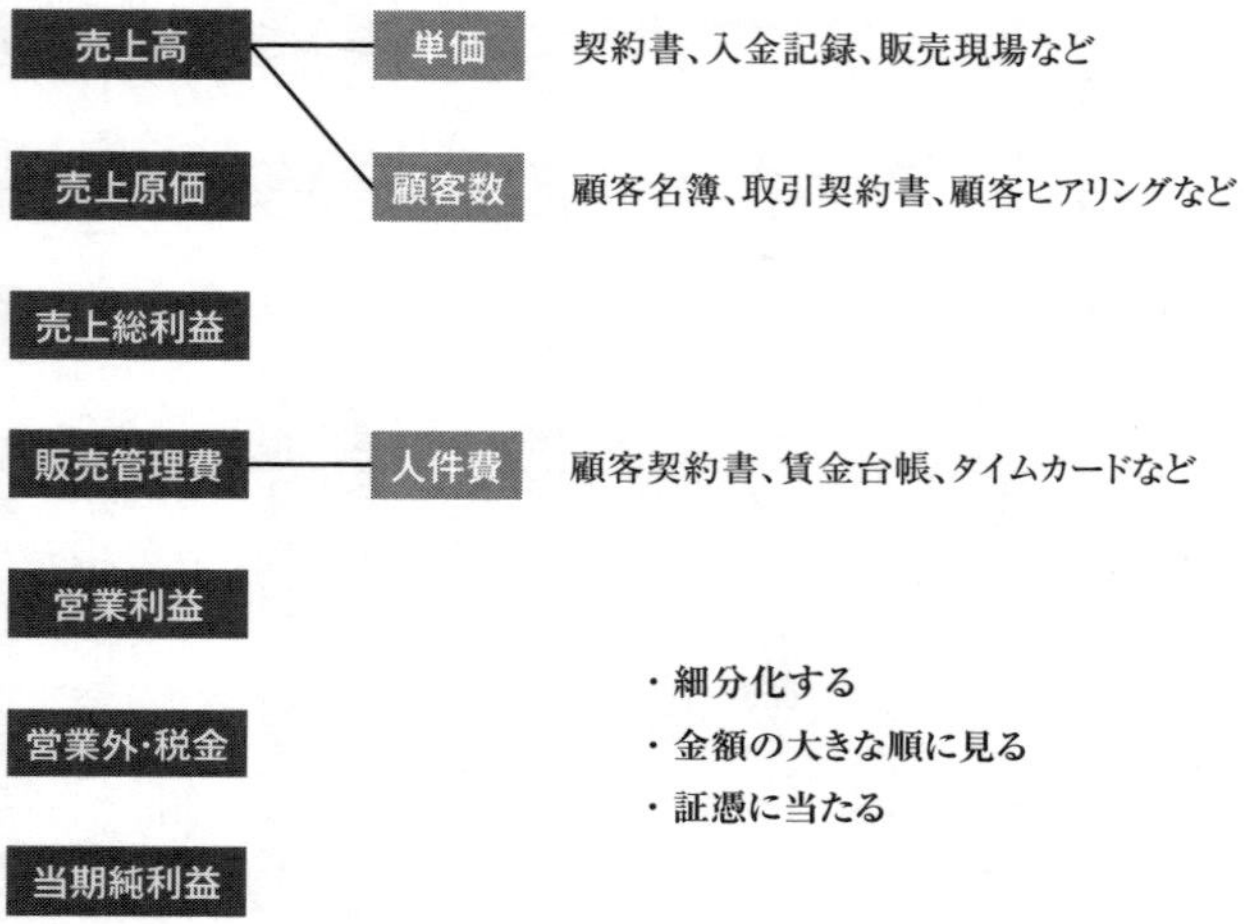

財務デューデリで、損益計算書（ＰＬ）を見る場合を考えてみましょう。ＰＬには売上高、仕入原価、営業利益、純利益など、さまざまな数字があります。デューデリでは、それらの数字をひとつひとつ細分化して見ていきます。細分化すると、それぞれの取引の実態が見えてきて、そこにリスクがないかがわかってくるのです。

例として「売上高」を細分化してみましょう。売上高を細分化すると、売上高は「単価×顧客数」から成っていることがわかります。

売上高が1億円の場合、それを細分化すると、たとえば商品の平均単価が１００万円で、顧客が１００人だったということなどがわかります。さらに細分化を進めると、それぞれの顧客との取引契約や入金記録に辿り着きます。証憑《しょうひょう》（取引を裏付ける書類）のレベルまで確認すれば、取引がきちんと行われていて、リスクがないかどうかもわかります。ただ、取引すべてを確認することは作業量として無理がありますから、**通常は金額の大きいものを選んで見ていきます**。

このように、デューデリの基本は「細分化」です。金額の大きいものについては、なるべく細分化して見るようにしましょう。それを、現物や証憑レベルといった「一次情報」で確認するのが基本的な作業になります。

ビジネスDDとは

では、個人M＆Aで行う3つのデューデリのうち、まずは、ビジネスデューデリジェンスのやり方から見ていきましょう。

ビジネスデューデリの目的は、**会社のビジネスについて理解し、リスクを把握する**ことです。財務書類や取引データに当たったり、オーナーや担当者にヒアリングしたりして、金額の大きいもの、気になるものについて細分化していき、そこに事業の継続を脅かすリスクがないかを見ていきましょう。

リスクを見つけたら、それを**ヘッジする方法を考えるのもデューデリの役割**です。リスクヘッジは、買収価格を下げるなど、価格面でヘッジすることが多いですが、それ以外の方法があれば、それも検討します。

ビジネスDD①　市場動向と競争環境

まずは、**会社の置かれた市場動向や競争環境についてのデューデリ**です。

このデューデリでのチェック項目は、対象となる市場に何社くらいのプレイヤーがいて、どんな競争環境にあるのか、規制や許認可の動向はどうなっているか、参入障壁はあるか、需要の変動はないか、市場の成長性はどうかなどが挙げられます。

方法としては、**オーナーからのヒアリングがベース**になります。可能であれば市場関係者からも話を聞きましょう。個人M&Aの場合は、これら以外に、競合先について帝国データバンクの企業情報を閲覧するかインターネットで検索するくらいしかできませんが、それらは市場を学ぶという点では重要な作業ですし、買収後の経営にも必要な知識となります。

中でも、**規制や許認可についてのチェック**が重要です。たとえば、介護サービスの会社は、介護保険サービスの点数が変更されるたびに売上が大きく変わります。中小企業の経営にとって、規制や許認可は大きな変動要因になるのです。ですから、その会社のビジネスにはどんな規制があるか、規制が変更される可能性はないか、監督官庁の動きはどうかなどは、しっかりとチェックしましょう。

ビジネスデューデリの項目

	リスク判断	検証内容	改善可能性
市場動向	規制／需要変動	－	－
競争環境	新規参入／代替品／係争	参入障害（量／質）	－
研究開発	新技術／特許／特定依存	開発費／技術力／企画力	開発環境強化
仕入れ	仕入価格／支払条件	仕入交渉	原価低減／運転資本改善
生産	外注交渉／代替先検討	外注交渉／代替先検討	設備集約／製品選定
新規営業	継続性／再現性	潜在顧客数／営業コスト	顧客開発／営業効率化
既存営業	継続性／リベート／与信	取引内容（量／質）	単価上昇／取引拡大
関係会社	循環取引／単独費用	グループ取引	－
組織	人材流出／労組／士気	給与水準／能力判断	人材確保
経営管理	法令違反／粉飾	売掛金／買掛金／在庫	システム導入

ビジネスDD② 研究開発

市場環境について把握したら、**ビジネスフローに沿って、ビジネスデューデリを進めていきます**。ビジネスフローは、業種や業態によって変わります。たとえば製造系の会社なら、研究開発↓仕入れ↓製造↓生産↓営業という流れになります。ここでは、製造系のビジネスフローを例に、ビジネスデューデリのやり方を見ていきましょう。

研究開発のデューデリでは、研究開発が特定の人に依存していないかどうか、競合する新しい技術がないか、特許の取得状況はどうなっているかなどがチェック項目になります。

私の投資先では、商品の開発設計をひと

りに依存していたケースがありました。その人がいなくなったら、会社の商品を作れなくなるという深刻なリスクです。

このケースでは、リスクヘッジとして、その人が辞めないように慰留したり、ほかの人に技術を継承したりする方法があります。デューデリでは、**これらの方法を、それぞれどのくらいの費用や時間がかかるのかを比較・検討しながら、どれを採用するべきかを詰めていきます**。

たとえば、技術継承をするのなら、そもそもそれが可能なのか、技術継承を受ける人材はいるのか、新たに雇うべきか、どのくらいの時間をかければ可能なのかなどを、時間とコストを含めて検討します。そこで**大きな費用がかかるなら、買収価格にも反映させます**。

私の投資先の例では、結局、開発者と面談をして、辞めないように慰留した上で、最終契約の中に、その人が辞めた場合を想定して条件を入れました。株式譲渡のタイミングで辞める場合はいくら、6カ月以内に辞める場合はいくらという形で、代金の一部を返還する条件です。

このように、デューデリでは会社のリスクや弱点を見ていきますが、それらの中には、**伸び代と捉えられるものも見つかります**。伸び代については、そこを伸ばせば、経営をどのくらい改善できるかも合わせて見ていきましょう。それもデューデリジェンスの役割です。

たとえば、研究開発のデューデリでは、研究開発の環境の乏しさが見つかるかもしれません。その場合は、その環境を整備することで、どのくらい研究開発力の強化が見込めそうかを、オーナーや担当者にヒアリングをしてチェックします。ただし、気をつけてほしいのは、伸び代は実際にやってみないとわからないので、あくまでアップサイド要因として判断するということです、一方で、実現可能性がかなり高い場合は、事業計画に折り込み、買収価格にまで反映させられると、**ほかの買い手より有利な価格提示ができる**かもしれません。

ビジネスDD③　仕入れ

仕入れのデューデリでは、**仕入れの流れについて把握しましょう**。どんなものをいくらで仕入れているか、仕入先はどこか、仕入先との関係性はどうか、支払い方法はどうなっているのかなどがチェック項目になります。

とくに、**仕入価格と支払い条件については、しっかり見ましょう**。仕入価格と支払い条件はいずれも改善の可能性が高い部分だからです。

中小企業では、仕入先と価格の交渉をしていないというケースが珍しくありません。ですから、ヒアリングをして、価格交渉をしていないことがわかれば、**仕入価格を下げられる可能性がある**ことになります。

また、**支払い条件は、会社の信用力を測る目安**です。その会社が約束手形で支払いができる会社なら、信用力のある会社になりますし、支払い条件が厳しいなら、信用力のない会社になります。

もし支払い条件が厳しい場合、リスクではありますが、**逆に、改善ポイントにもなります**。たとえば、支払い条件が長年、都度現金払いだったなら、交渉をすれば、支払いを翌月払いにできるかもしれません。資金繰りに1カ月分の余裕が生まれるのは、経営にとっては大きな改善になります。

仕入れはビジネスを成立させる上で重要な部分です。たとえば、仕入先との関係が悪くなって取引が途切れたり、仕入先が倒産したりすれば、一気に仕入先に困ることになります。

私の投資先に、消費財を作って販売しているところがありますが、その原料はとても珍しいため、仕入先が限られていました。原料の仕入れができなくなれば、商品が作れず、事業の継続ができなくなるリスクがあったわけです。

その会社を買うときは、仕入先の経営が安定しているか、そことの関係はどうかを調べるとともに、その仕入先がダメになった場合、代わりの業者はないかをチェックしました。代わりの仕入先は、全国で2、3社あることがわかりました。それらの結果を踏まえて、投資を実行したのです。

ビジネスDD④　生産

生産フェーズのデューデリでは、**商品の生産価格と商品供給の安定性についてチェックすること**が重要です。

生産価格については、それが変わる可能性がないかをチェックしましょう。たとえば、生産を外注している場合、仕入れと同様に、価格交渉をしていないことがわかれば、**生産価格を下げられる可能性**が出てきます。

逆に、外注先から長年、値上げを求められていることがわかれば、いずれそれを受けざるをえなくなる可能性が高いので、**外注価格が上がるリスクがある**ことになります。

商品の供給については、**安定して供給できるのかをチェック**しましょう。外注している場合は、外注先との関係、その会社の経営状態についても確認する必要があります。代わりの会社があるかについてもチェックしましょう。

自分の会社で生産をしている場合は、**生産体制についてチェック**しましょう。安定供給に問題はないか、生産設備は十分稼働しているか、設備にムダはないか、経費削減をして生産価格を下げられる可能性はないか、改善できる点はないかなどを見ていきます。とくに、地方では人材不足が慢性化しており、社員の高齢化も進んでいます。**生産するための人材が確保できるのかも重要なチェック項目**です。最近は、これを補うために外国人実習生や特定技能外国人などに頼っている企業もあります。彼らは、数年で帰国しなければいけなかったりするので、技術伝承や労務管理が複雑になっていることがありえます。入国管理の規制動向によっては、安定的に労働力を確保できない可能性も出てきます。

また、生産設備については、未稼働なものがあったりもします。もし、工場や倉庫などの設備で、未稼働で事業収益を生んでいないものがあれば、そこは買い取りの対象から外することも検討に値するかもしれません。ちなみに、そのときのオーナーとの交渉で、いきなり「この設備は使ってないので買いません」とは言わないようにしましょう。一方的な言い方では、オーナー側も反発してしまいます。そういうときは、「この設備はどういう使い方をしているのですか」「事業には使っていないんですか」というような聞き方をして、**オーナーが「それなら私のほうで引き取る」と、自分から言う流れに持っていく**ようにしましょう。それが交渉ノウハウです。

生産設備ではありませんが、中小企業では、オーナーの乗っているベンツなどの高級車が、実は会社の所有だったということがよくあります。社用車としてベンツはいらないので、オーナーに引き取ってほしいところです。買収後に不要だと思う資産は、買収の支払い金額で買い取ってもらい、事実上、買収価格を下げていく交渉を進めましょう。

ビジネスDD⑤　新規営業

営業部分のデューデリでは、新たな顧客を獲得するための**「新規営業」と「既存取引先の営業」に分けてデューデリをします。**

新規営業の部分では、**新規の顧客を集めるために、どのくらいのコストをかけて、どんな営業をしているのかをチェック**しましょう。潜在顧客がどのくらいいるのかについても確認します。

新規営業は、**みなさんが入ることで改善できる一番のポイント**です。中小企業では営業担当の部署はもちろん、営業担当者さえいないところが珍しくありません。それでも儲けが出ていたわけですから、そこに、みなさんが入って営業力を強化すれば、売上を上げられる可能性は高いのです。

私が投資を検討した先の、大手自動車メーカーの下請け会社の話ですが、その会社は、リーマンショックの影響で、大手メーカーからの発注が止まって困り果てていました。とりあえずと思って、同じ工業団地にある会社に営業をかけたら、それだけで注文がきて、どんどん売上が上がったそうです。

それまで何十年もの間、そんな身近にいる顧客にすら営業をかけることもなく、それでも経営ができていたのです。こんな話は、中小企業では珍しくありません。**中小企業の新**

規営業の部分は、それだけバリューアップの可能性が高いのです。

新規営業に関しては、事業計画では「たとえば100の売上を120にするには、営業コストが5ぐらいかかりそうだ。それなら15のアップサイド要因になる」というイメージで見ていくことができるでしょう。

ビジネスDD⑥　既存取引先1

既存の取引先の営業については、**取引の継続性をチェックする**ことが重要になります。既存取引先との取引が今後も継続するのか、取引条件がどうなっていくかを確認しましょう。もし継続に疑問符がつくことになれば、売上が下がるリスクになります。既存取引先で売上の多いところについては、しっかり確認しましょう。

また、既存取引先では、リベートが発注の条件になっていることがあります。**リベートの費用対効果や要否についても確認しておきましょう**。

とくに気をつけるべきなのは、売上が1社や2社に依存している会社です。その場合は、「**サイドヒアリング**（対象会社以外に質問をすること）」といいますが、その取引先にもヒアリングをしたほうがいいでしょう。

サイドヒアリングは、売り手のオーナーにとっては、会社を売るという情報が漏れるリスクがあるので嫌がられます。しかし買い手としては、1社2社依存というのは相当なリスクなので、サイドヒアリングの実施は譲れないところでしょう。

サイドヒアリングの際には、営業代理店やコンサルタントなどの肩書を使って、**M&Aの買い手だとバレないよう、細心の注意を払いましょう**。その上で、取引先の今後の売上計画などを聞いて、いまの取引や条件が継続するかどうかを確認しましょう。

売上に対する依存度の高い既存取引先に対するデューデリで、もうひとつ気をつけなければいけないのが、**既存取引先が倒産する可能性**です。取引先が倒産してしまうと、売った商品の代金を回収できなくなるからです。

経営では、売上代金を回収できないことが往々にしてあります。**経営は「着金がすべて」**です。経営者や経営者を目指す人は、この言葉をしっかりと肝に銘じておきましょう。

既存取引先の経営状態については、オーナーに話を聞いたり、帝国データバンクなどの情報機関のデータを調べたりして確認しましょう。

ビジネスDD⑦　既存取引先2

既存取引先のデューデリでは、改善ポイントが見つかる可能性が高いと思います。

仕入れなどでもそうでしたが、中小企業では価格の交渉をしていないところが多いのです。もし取引価格が長年変わっていないのなら、**値上げができる可能性**が出てきます。買収後に同業他社へ営業して販売価格の水準を確認すれば、既存取引先への交渉ツールが生まれ、単価を上げられるかもしれません。仮に上がらなければ、取引先を変更すればいいだけのことです。

私の友人のファンドの投資先では、同業他社へ営業をかけたら、100で売っていたものが120で売れるようになったそうです。私の投資先のある会社では、買収する前は、顧客の要望があればすぐに値引きをしてしまい、粗利率が20％を切る案件も受注していました。しかし、それでは利益率の低い案件に振り回され、ほかの案件を受けることもできなくなるということを説明して、理解してもらい、粗利率30％以下の取引はやめようと徹底すると、一気に利益率が上がりました。

ちなみに、この「粗利率30％ルール」の徹底に際しては、私たち自身が新規営業を行い、背中を見てもらうことで、社員のみなさんに頭と心の両方で理解・納得してもらいました。経営をしたことのない方によくあるのは、ただ単にあるべき姿を言うだけのマネジメント手法です。創業者でもない、横から入ってきた人の話を諸手を挙げて聞き入れてくれる人はいません。まずは、自分が汗をかいて背中を見せなくては人は動きませんので、ご注意ください。

こういうところは、**技術力や商品の競争力があれば、少し強引にでもできる部分**です。

そもそも、中小企業には、「交渉をする」という発想すらないところがあります。そういう目線で改善ポイントを探していきましょう。

ただ、取引単価の値上げなどは、実際に経営に入って交渉をしてみないと、可能かどうかわからないので、事業計画や買収価格に反映させるのは難しいかもしれないのは、先述の通りです。

以上、ビジネスフローに沿った部分のビジネスデューデリのやり方を見てきました。ビジネスフローは業種や業態によって変わります。自分の知らない業種や業態の会社を買おうという場合には、事前に書籍やインターネットなどで、ある程度の下準備をしてから、デューデリに臨みましょう。

ビジネスDD⑧　関係会社

続いて、会社の組織や関係会社などについて見ていきます。

その会社に、**子会社などの関係会社があれば、そことの関係や取引についてチェック**しましょう。中には、子会社と循環取引をしていて、全体としては売上になっていなかったというケースもあります。どんな取引をしているのかをヒアリングして、気になる点については細分化して見てみましょう。

また、**親会社や関係会社との関係が切れても、会社の経営に影響はないか、追加でコストがかからないかについても確認する**必要があります。

たとえば、買収対象の会社と親会社の両方の事務を、ひとりが担当している場合、その担当者が親会社に残るのなら、こちらとしては新たな担当者を雇う必要が出てきます。また、買収対象とならないグループ会社から廉価で商品を仕入れている場合は、グループから抜けた際に単価のアップを要求されるかもしれません。そうすれば、利益額に影響を及ぼします。仮に単価据え置きを契約していても、不確実性は残ります。よって、これらについて、買収価格に反映するかどうかを検討しなくてはなりません。

ビジネスDD⑨　組織

会社組織のデューデリでは、**人材の流出が一番のリスク**になります。会社を買ったはいいが、従業員が全員辞めてしまったということになると、目も当てられません。

私が投資先の会社を売却しようとしたときの話です。売却先の会社との面談のあとに、主要幹部の全員が「あそこに売るのだったら、われわれは辞めます」と言ってきたことがありました。売却先の社風が合わないというのが理由でした。この意見を受けて、私たちは案件を進めませんでしたが、そういうこともあるのです。

デューデリでは、**主要幹部やキーパーソンが辞める可能性について、必要なら面談をして、確認しましょう**。もし辞めそうであれば、その人が辞めてしまっても事業価値が下がらないか、別の人でもその業務をこなすことができるか、新しく雇い入れれば代替が可能なのかを検討しておかなくてはいけません。ただし、やや矛盾する話になりますが、90％以上の人は代替が効きます。買収後に抜けて本当に困るのは、特異的な技術を有している人くらいです。

給与水準のチェックも必要です。中小企業では、利益は出ているのに、従業員の給料が相場より低いことがあります。会社がそういう状態なら、従業員には不満がたまっているはずで、オーナーチェンジを機に、給料アップを要求してくるかもしれません。いずれは給料を上げざるをえなくなる可能性は高いでしょう。そうなると経営コストは上がります。

給与水準については、給与台帳を当たりましょう。また、給与水準は地域ごとにも変わるので、人材採用のエージェントから、その地域の給与水準の情報を得て、比較しましょう。たとえば、給与水準が相場より10％低いということがわかれば、事業計画では、人件費を10％上乗せして考えることになります。そうすることで、正常なコストや利益水準に近い数字で検討することができます。

会社組織のデューデリでは、**組織の能力についても確認**します。これは、主に、資格や許認可のチェックになります。

中小企業では、本来必要な許認可やライセンスを、ごまかしてやっているところがあります。たとえば、社員に宅地建物取引士の資格がないのに名前だけを借りて不動産ビジネスをしていたり、二級建築士しかいないのに、一級建築士の業務範囲の仕事をしていたりすることです。

デューデリで、本来、必要な許認可や資格がないことがわかれば、ほかに頼まなくてはならないので、追加コストがかかります。人に紐付いているライセンスもありますから、その人が残るのかについても確認しましょう。**こうしたリスクについても、判明すれば、事業計画や買収価格に反映させていく**ことになります。

ビジネスDD⑩　経営管理1

経営管理のデューデリでは、**法令違反や粉飾など、経営管理に関わるリスクについてチェック**します。

中小企業には上場企業のようなガバナンス体制はありません。上場企業には、多くの株主がいて監視をしていますし、外部監査も義務づけられています。株価のためには、コンプライアンス違反にも敏感にならざるをえません。

オーナー会社である中小企業にはそういうガバナンス体制がありませんから、経営管理は甘くなりがちです。コンプライアンス違反についても、そもそもそれが問題だと認識していなかったということがよくあります。

とくに多いのが、**未払い賃金の問題**です。働き方改革の流れで、最近は、残業代やみなし残業代は厳しく見られるようになっています。

たとえば、管理監督者の未払い賃金の問題も指摘されるようになりました。これは、課長以上などのいわゆる管理職は、管理監督者という位置づけになるため、残業代は不要というルールを悪用して、実際にはその権限がないのに、従業員に管理職の肩書だけを与えて残業代を払わないという問題です。当然、これは会社として支払わなくてはならないコストになります。

このほか、オーナーが番頭さんに経理を完全に任せていたことから、番頭さんが会社の資金を私的に流用していたといったこともあります。経営管理のデューデリでは、こうした問題についてひと通り見ておく必要があります。

粉飾については、本当に問題がありそうなら、会計士を入れて調べたほうがいいかもしれませんが、中小企業で粉飾をしているとしたら、**ほとんどが売掛金と買掛金、在庫**です。それらの数字を細分化して、帳簿まで見たり、現物の在庫を確認したりすれば、たいていの粉飾は見抜くことができるでしょう。目で確認することがポイントですから、倉庫などの現場にも厭わずに行って確認しましょう。

現場に行って、オフィスの雰囲気など現場でしかわからないものを感じることも大切です。たとえば、入り口の傘立てが整理できていなかったり、会議室の時計が遅れていたりということがあれば、その会社の風土がルーズだとわかります。それが改善できるレベルか、難しいのかについてもわかるでしょう。

こうしたことから、**面談は、売り手の会社のオフィスでする**ようにしましょう。工場や倉庫などのほか、仕入先や外注先にもなるべく足を運んで、見たり、話を聞いたりするといいでしょう。現場を見ることは、ディールの成否にかかわらず、いろいろと勉強になることも多いので、積極的に行うことをおすすめします。

ビジネスDD⑪　経営管理2

経営管理のプラス項目としては、**システムの導入で改善できることが多い**でしょう。

中小企業では、いまだにファックスが活躍しているところが少なくありません。システム導入が遅れていれば、事務処理や営業の効率はどうしても悪くなります。

私の投資した会社では、営業や顧客情報の管理のためにクラウドサービスを入れたら、営業の人員がひとり必要なくなったということがありました。

別の会社では、営業にテレビ電話会議システムを導入しました。注文住宅の会社ですが、導入の結果、毎回、車でお客さんのところに行く必要がなくなり、訪問回数を減らすことができて、営業効率が上がった上に、お客さんも喜んだということがありました。

お客さんのところに車で行って、話をして戻れば、半日は潰れるわけですから、それが少なくなれば、営業効率は間違いなく上がります。それまでそれをしなかったのは、そういう発想がなかったからです。東京や大企業では当たり前にやっていることが、地方や中小企業ではその発想すらないということが少なくないのです。

中小企業では、みなさんのような人が入って、**新しいシステムを導入し、経営の効率化を進める余地はかなりある**と思います。このあたりについては、PLの販売管理費を支出ごとに細かく見ていけば、「このサーバーはいらないので、月に5万円浮く」「ウェブサイト管理費として月に3万円はいらない」などということがわかってくるでしょう。こうした**プラス項目はかなり堅いので、買収価格にも反映しやすい**部分です。

使えるフレームワーク　ファイブフォース分析、4P／4C

これまで説明してきたビジネスDDを体系的に理解するために、**使えるフレームワーク**について説明しましょう。

フレームワークとは、**思考の枠組み**のことです。フレームワークに沿って考えれば、体系的に抜け漏れのない分析ができたり、意思決定に役立ったりします。投資やコンサルティングに携わったことのある人以外は、あまり馴染みのないものかもしれませんね。

会社を買うときには、こうしたフレームワークを使って分析をしておくと、確認すべきことを忘れなくなりますので、参考にするといいでしょう。

数あるフレームワークの中で、私が使えると思うのが**「ファイブフォース分析」**です。ファイブフォース分析については、一度くらいは解説書を読んで学んだほうがいいでしょう。

ファイブフォースとは、会社に脅威を与える5つの力のことです。この5つの力をそれぞれ分析していけば、その会社が置かれている市場環境が把握できて、その会社の強みや収益構造についてもわかってきます。

5つの力について、ざっと見てみましょう。

1つ目の力が**「業界内の競合」**です。その会社にはどんな競合がいるかを分析します。2つ目の力が**「新規参入」**で、市場に新規参入が増えているか、参入障壁はどうなっているかについて分析します。

3つ目の力が**「売り手の交渉力」**で、4つ目の力が**「買い手の交渉力」**です。売り先、買い先の数、それらとの関係性やパワーバランスについて分析することになります。たとえば、その会社には、売り先や買い先が1社や2社しかないのであれば、その会社の交渉力は弱いということになります。

使えるフレームワーク

ファイブフォース分析

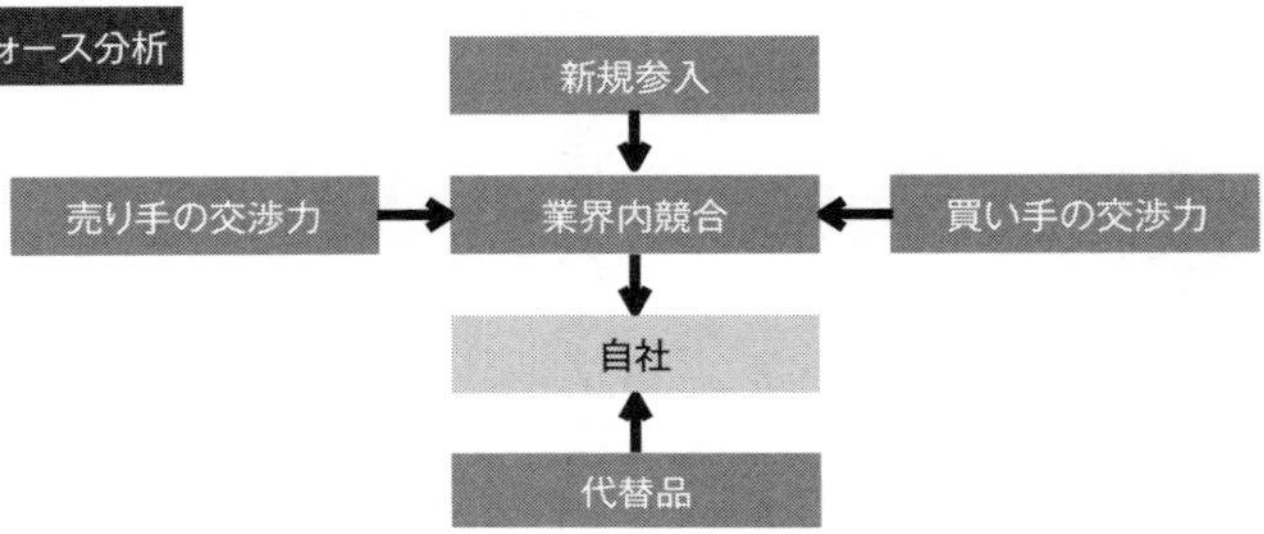

4P／4C

Product（製品）	Customer Value（顧客価値）
Price（価格）	Customer Cost（顧客負担費用）
Place（販路）	Convenience（利便性）
Promotion（販促）	Communication（コミュニケーション）

そして、5つ目の力が**「代替品」**です。その会社の商品に代替品があるのか、現れる可能性があるかについてチェックします。

また、**「4P／4C」**というフレームワークも優れたものなので、簡単に触れておきましょう。

4Pとは、**「製品（Product）」「価格（Price）」「販路（Place）」「販促（Promotion）」**の4つのPです。

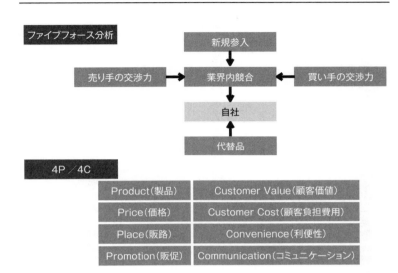

4Cとは、**「顧客価値（Customer Value）」「顧客負担費用（Customer Cost）」「利便性（Convenience）」「コミュニケーション（Communication）」**という4つのCになります。

このフレームワークでは、4Pを分析することが、顧客目線の4Cの分析にも連動してつながるというのが特徴です。たとえば、製品の競争力について見れば、顧客にとっての製品の価値がわかり、価格帯を分析すれば、顧客の負担についての分析につながっていくということです。

このように、フレームワークを使って分析をしていくと、**会社の置かれた市場環境や、その会社のビジネスの強みや弱みが万遍なく見えてきて、会社を買うためのチェックができる**ようになります。自分がバリューアップできる部分も見やすくなるでしょう。

フレームワークについては、これ以上掘り下げられませんので、詳しくは、解説書を読むなりして、みなさん自身で勉強してください。

財務DD① 実態純資産

次に、財務デューデリのやり方について見ていきましょう。

会社を買うには、会社の値段をつけなければなりません。会社の値段は、会社の持つ価値である「純資産」に、その会社の「収益力」の一定額をプラスしていきます。そうして出た会社の値段が正しいものであるためには、「純資産」と「収益力」という2つの数字が実態を表したものでなければなりません。それを見極めるのが財務デューデリの作業です。

会社の純資産の実際の数値を**「実態純資産」**といい、本来の収益力を**「正常収益力」**といいます。

BSに載っている資産評価は簿価と呼ばれ、本来の評価とは違っていることが往々にしてあります。**BSの資産を時価で見直していくのが、実態純資産を出す作業**です。細かい資産まですべてを見直すのは大変ですが、金額の大きなものについては確実にチェックするようにしましょう。

実際の作業としては、たとえば土地なら、国税庁が出している路線価を見たり、地域の不動産業者に当たって、時価の評価額を聞きます。車両などの動産についても、必要なら下取りの見積もりを出してもらうなど専門家に聞いて、時価評価にし直していきます。

時価評価で算定したら、たいていの資産は価値が下がりますが、中には、簿価を上回る資産も見つかるかもしれません。減価償却が終わっていて資産価値ゼロの資産でも、市場で売れば、まだ値段がつくものがあるかもしれないので、一応、確認しましょう。

工場の機械などの設備については、将来の設備投資に関わる部分なので、しっかり資産評価をしましょう。もし数十年前に機械を導入して以来、一度も入れ替えていないのなら、買収後すぐに新たな設備投資が必要になるかもしれません。そうなると大きな追加コストになります。

オーナーには、機械の耐用年数はどのくらいで、いつまで使えるのか、新しい設備といまのアウトプットはどのくらい違うのか、すべて入れ替えるとしたら、どのくらいのコストがかかるかなどをヒアリングしましょう。その結果、近々、設備投資の必要性が高いということでしたら、設備投資のコストを見積もって、買収価格に反映する必要があるかもしれません。

時価評価で算定し直した結果、出てくる実態純資産が、**会社の値段をつけるためのベースの数字**のひとつになります。

財務DD② 正常収益力

正常収益力のチェックは、PLの数字を見直すことで行います。**PLの数字の中で、本来の収益力を歪《ゆが》めているものを洗い出していきます**。

本来の数字を歪めている代表的なものが**「オーナーコスト」**です。中小企業では、会社とオーナーの財布が同じで、オーナーの自宅の家賃が会社の経費になっていたり、オーナー個人の服や車などの費用が会社から出ていたりします。オーナーが報酬をもらいすぎていたり、過剰な接待交際費を使っていたりすることもよくあります。それらを「オーナーコスト」といいます。

オーナーが代われば、オーナーの自宅の家賃は必要なくなりますし、報酬や接待交際費のうち、過剰な分についても必要なくなります。つまり、**オーナーコストはオーナーが代わればなくなるか減る**のです。その分、収益は増えます。

このようにＰＬの数字のおかしいところを見直せば、会社の本来の正常収益力を見極めることができます。

以上のような作業をして、会社の値段をつけるベースとなる**「実態純資産」と「正常収益力」という２つの数字を作るのが財務デューデリ**になります。財務デューデリに関しては、それだけで１冊の本になりますから、『サラリーマンは３００万円で小さな会社を買いなさい　会計編』を一読した上で、専門書を手に取ってみてください。

法務ＤＤ①　自分では難しい

続いて、法務デューデリのやり方ですが、実際には、法務デューデリというのは、みなさんが自分でやるのは難しいと思います。私も、法務デューデリでは、弁護士さんを入れて、そのレポートをもとに投資検討を行っています。ただ、みなさんは、コストをあまりかけられないでしょうから、法務デューデリについては、フォーカスを絞って、**最低限のところだけを弁護士に確認してもらう**ということになるでしょう。

コストをかけずに法務デューデリをする方法として、**会社を買う前に、役員としてその会社に入って、会社の内部から法務デューデリをする**方法があります。会社には顧問弁護士がいるので、その弁護士を使って法務的な部分を調べてもらうのです。もし、会社を買う前に役員として入ることが可能なら、トライしてみる価値はあるでしょう。

法務デューデリは自分ではやらないにしても、そのやり方については把握しておきましょう。基本的には、**項目ごとにエビデンスに当たる**という作業になります。

法務DD② そもそも会社は存在しているのか

「会社組織」の部分では、そもそも、その会社は存在しているのかを確認します。登記はされているか、登記の手続きは正しく行われているか、株式は適切に発行されているかなどについて、登記簿謄本や株主名簿、定款や株主総会議事録等で確認し、会社の存在を担保する法的な部分を見るのです。

私が会社を買おうとしたときに、その会社の株式の発行推移を確認したところ、増資をした登記はあるのに、株主名簿には反映されていないということがありました。その増資によって、いま把握している人とは違う人が株式を持っている可能性があったのです。そのため、このときは、新たな株主が現れた場合、売り手が補償するという条件をつけて会社を買いました。

法務デューデリは、不可逆的なリスクを発見する行為になります。先の株主の存在については、あとで真の株主が名乗り出てきて「株式は売っていないし、売る気もない」と言

法務デューデリの項目

会社組織	法人格の適正性／法的瑕疵／株券の存在など
契約関係	重要取引先／出資株主間契約／事業提携／不動産／ライセンスなど
資産	保有契約／登記など
債務／負債	金銭消費貸借／担保設定など
労働関係	雇用契約／勤務状況／未払い賃金など
許認可	許認可の要否／届け出など
紛争	訴訟の状況など
子会社	資本的関係性／取引関係／取引契約など

われれば、お金で解決できるものではなくなるからです。

「契約関係」については、重要な取引先や出資先との関係、事業提携の内容、不動産の契約、ライセンス関係などについて、契約書や書類を見て法的に問題がないかを確認します。

「資産」については、登記や契約書類などを見て、そもそも会社に資産があるのか、所有に法的リスクはないかを見ていきます。

「債務・負債」の部分では、会社にどんな債務があるかを法的に確認します。オーナー側に金銭消費貸借契約書などの関係書類を出してもらい、その存在や有効性を確認し、額についても帳簿と照らし合わせて数字が一致するかどうかをチェックします。

これら債権・債務については、最終の契

約の際に、ここで調べたことをオーナー側に「これが全部だ」と、**表明保証という形で保証してもらいます**。もしあとになって、別の債務などが出てきたとしても、それは売り手側の瑕疵《かし》になって、売り手側に返済を求めることができます（ただし、詳しくは後述しますが、実際に裁判などをして債務の履行を実行できるかどうかは別の議論です）。

法務DD③　労働関係は最近のトピック

「労働関係」のデューデリでは、雇用契約や労働環境に関わるリスクをチェックします。労働契約、有給休暇の取得状況、未払い賃金など、最近、相当厳しくなっている部分です。

労働基準監督署は、たとえ従業員数人の中小企業であっても、労働者から訴えがあれば対応します。ですから、タイムカードでの管理はできているか、有給休暇は適正かなど、労働条件や労働契約で労基署に指摘されるようなリスクがないかをしっかりチェックしましょう。

「許認可」については、ビジネスに必要な許認可は何か、適正に取得しているか、届け出は適正かなどを確認します。

「紛争」については、オーナー側から申告してもらって、もし紛争や訴訟があれば、書類などで状況を確認します。ただし、このあたりのことは出したがらないのがオーナーの性質です。また、記憶にないということもありえます。よって、後述する表明保証で確認しながら、訴訟が起こりうる労働関係、取引先との関係をヒアリングしていく必要があります。

「子会社」については、資本的な部分、人的な部分、取引や契約などの関係を、法的な面から確認します。

海外に子会社がある会社には注意が必要です。国によっては、外資に対する規制が強いところがあるからです。

たとえば中国では、外資の会社が100％の株を保有して会社を持てません。アパレル系の会社が、中国に縫製工場を持っているとしたら、その工場は100％の子会社ではないということです。

100％の子会社でない場合、その工場との関係性には大きなリスクが出てきます。その工場が売り手オーナーと現地の人との信頼関係で成り立っていたのなら、オーナーチェンジをすると、その工場との関係が維持できないということがあるかもしれません。

ですから、私は、**海外に子会社を持つ会社にはあまり手を出さない**ようにしています。こういうケースは、みなさんのレベルでは、よほどその国に知見があるとか、地の利を持っているということでなければ、リスクを取らないほうがいいでしょう。

法務DD④　表明保証にはそれほど期待できない

債務や紛争についての法務デューデリに関連して、**表明保証でリスクヘッジをする**という話をしました。この表明保証について少し説明しておきましょう。

表明保証というのは、リスクヘッジのために、売り手側に「これで全部です」と保証してもらうことです。最終合意契約書では、債務や紛争の部分だけでなく、さまざまな点で表明保証を求め、契約書に書き込んでおくのが通常のやり方です。

ただ、表明保証は、一応のリスクヘッジにはなりますが、**それほどの効果は期待できません**。買い手側は気休め程度と考えてください。

たとえば、「これですべて」と表明保証をしてもらったあとに、新たな債務が出てくれば、それは売り手側に払う義務があることになりますが、売り手側に「それは払えない」と言われてしまったら、契約上、お金を借りたのは引き継いだ会社ですから、当面はこちらが払わないといけなくなります。

表明保証を取ったとしても、**相手に払わないと言われれば、どうしようもありません**。表明保証とは、その程度のものです。裁判に訴えても同じです。裁判所に命じられようが、その人が「払わない」という姿勢であれば、いかんともしがたいわけです。「ない袖は振れない」と開き直られたら、手出しのしようがありません。

これが、大企業同士のM&Aなら違います。「払え」「払わない」という対立となって、裁判に訴え、裁判所が一方の瑕疵を認めて損害賠償の支払いを確定したら、大企業としては社会的信用をなくすわけにはいかないので、踏み倒すことはできないでしょう。

しかし、中小企業は個人と同じレベルです。契約書でガチガチに固めようが、どんなリスクヘッジをしようが、すべて属人的な問題となってしまいます。

ですから、個人M&Aでは、契約書やリスクヘッジの方法のみに頼ってはいけません。何より、**売り手側との信頼関係を築くこと、関係性を大事にすることが肝心**なのです。

事例5 実際のデューデリは……

肩の力を抜いていこう

第5章と第6章では、個人M&Aの実行フェーズである、デューデリジェンスと事業計画作りについて説明していますが、これらを読むと、ちょっとハードルが高いなあと感じる人がいるかもしれません。

この本は、現場で役に立つ実務的なM&Aの教科書を意識しているので、ある程度、網羅的に説明している部分があります。ただし、実際の個人M＆Aでは、ここに書いてあるすべてを、端から端までやらなくてはいけないということはありません。

もちろん、押さえるべきところは押さえ、見るべきところは見ておいてほしいと思いますが、実際の現場ではもうちょっと緩いところがあります。

ですから、この章の実例では、みなさんに肩の力を抜いてもらうために、実際の現場の雰囲気をご紹介します。

なんか変だ……

最初に紹介するのは、看護師と社会福祉士の資格を持ち、長く医療と福祉の現場で働いてきたBさんの個人M＆Aです。

彼女は、関東で、デイサービス事業とその関連事業を事業譲渡で買いました。リハビリに特化したデイサービス事業です。２０１９年の秋から、Bさんは経営者としてのスタートを切っています。

そんなBさんに実際の個人M＆Aはどうだったのかを尋ねると、こんな感じでした。

◯Bさん

真っ当なデューデリはしていません。

お相手には仲介さんがついていて、トランビ経由の成約です。

まず、財務情報の開示のない段階で社長と面談しました。会社名とホームページを教えていただいたのみ。

お会いしたあと、財務情報をいただきました。守秘義務契約、基本合意契約も結んでいません。仲介さんがいたのですけど……。

毎日、三戸さんの本を開き「なんか変……。いいのか、これで」と自問自答の日々でした。

このM&Aは、当初、株式譲渡の予定でしたが、Bさんは財務諸表を見て、負債が大きいことがわかり、負債を引き継がない事業譲渡に切り換えています。もちろんBさんは、M&Aが初めてで、ひとりで交渉をやっていましたから、やはりデューデリは難しかったようです。本人としては、財務諸表をざっと見て、収益の根拠となる介護報酬の審査や国保連（国民健康保険団体連合会）からの支払い通知書を確認したくらいでした。

しかし自分でできないのなら、誰かに頼ればいいわけで、Bさんは、この会社の財務諸表を、融資の相談にいった日本政策金融公庫の担当者に見てもらったり、地元のベテラン中小企業診断士に見てもらったりしています。いずれも「悪くない」という反応で、安心したそうです。

◯Bさん

はっきり言って、みなさんにお話しするのがはばかられると思っていたくらいイレギュラーかなと思います。

ちゃんとデューデリしてなくて。

たいしたことはしていませんが、デューデリって「なんか大変」というのが感想です。

実際はこんな感じでも個人M＆Aはできるわけです。もちろんBさんのやったことで十分だと言っているわけではありません。Bさんの事業でも、今後、デューデリで見えなかったものが出てきて、問題になることがあるかもしれません。それでも、Bさんが財務諸表を見て、株式譲渡から事業譲渡に切り替えたのはいい判断だったと思いますし、一応、財務諸表を専門家に見てもらったことで、最低限のデューデリにはなっているとも言えるでしょう。

このBさんよりも、もっと緩い例もあります。

デューデリなんて知らない

ご紹介するのは、サロンのメンバーCさんのサロン入会前の個人M＆Aの経験です。

Cさんはマスコミ系企業に勤めるサラリーマンでしたが、サラリーマンを辞めたい一心で、かつて学生時代にアルバイトをし、社員としても1年働いた経験があるカフェレストランを事業譲渡で買いました。

事業譲渡とはいえ、Cさんは当時、そんな言葉も知りません。事業譲渡の契約書はなく、レストランを譲るという口約束と、その代わりに、元のオーナーに数百万円を支払う金銭消費貸借契約書を交わしただけでした。

もちろんCさんは、デューデリジェンスという言葉も知りません。ただ、かつて働いていたところですから、詳しい事業内容はわかっていますし、自分がガッツリ働けば、どのくらい売上を上げられるかという見込みだけはあったそうです。

とはいえ、財務諸表を見ることも、契約書を作ることも、何もない状況で、Cさんはカフェレストランの経営に入ります。

経営に入ってから、従業員との雇用契約が必要だと気づいたら、それを作り、店の不動産契約の変更が必要だとわかったら、それを変更するなど、走りながら経営体制を整えていきました。

個人M&Aであっても、もちろん手続きはきちんと踏んだほうがいいですし、契約書もきちんと作ったほうがいいのは当然です。それが基本であることを指摘した上で言いますが、契約書というのは、実は、それがあれば、のちの揉《も》めごとを防ぐのに少し役立つくらいの意味でしかありません。

大事なのは、契約書の存在よりも、契約書を作る過程で、売り手と買い手の気持ちをすり合わせて、関係性を作ることです。ですから、極端にいえば、相手側とコミュニケーションがしっかり取れて、関係性もできて揉める可能性がないなら、契約書なんてなくてもいいのです。

そして何より、私たちがCさんから学ぶべきは、このノリです。私のサロンのモットーである「Just Do It」の精神とはこういうことなのです。とにかくやってみて、走りながら考える。動けば、自分がわからないことがわかります。わからないことに気づけば、それにどう対応すればいいのかもわかります。そうやってどんどん動いていくことで、知識も増えるし、体制も整っていくのです。

年商2億円、そして別の道へ

Cさんは初めの3カ月はサラリーマンを辞められず、レストラン経営との二重生活を強いられました。日中はサラリーマンをやり、夜はレストランで午前3時まで働き、翌朝8時には会社に出社するという生活が続いたそうです。

それでも飲食店では、働けば働くほど稼いだ金が目の前に積み上がっていくので、楽しくて仕方なかったといいます。

最初の店を引き継いだときの月商は150万円くらいでしたが、のちに月商は最高で500万円までに伸び、Cさんは新店舗も出しました。最終的には2店舗合わせて年間売上は2億円まで届いたそうです。

この飲食店経営を12年間続けたあと、Cさんはこの2店舗を売却しました。いまはまた別のやりたいことを始めています。

厳しい現実もある

最低限のデューデリで経営者の道を踏み出したBさん。デューデリなんて知らなくても年商2億円の経営者になったCさん。この二人の事例から、みなさんが実際の個人M&Aはそんなものだと高をくくらないように、もうひとりのメンバーの話をしたいと思います。

Dさんは2019年初めに、事業譲渡でフリーペーパーの発行事業を買い、春から経営をスタートさせました。しかしDさんは、間もなく経営に行き詰まり、事業を手放さざるをえませんでした。

このフリーペーパーはある特定業界で広く読まれているもので、一定の部数は約束されていました。ビジネスモデルとしては、フリーペーパーに載せる広告を集めて、その広告収入によって利益を得るというものです。発行に関わる現物資産や、広告のための営業マニュアルや顧客リストなども譲渡され、継続の広告主もいるということで、Dさんは、事業譲渡でこの事業を買い取りました。

しかし、いま振り返れば、事業譲渡前のデューデリが十分ではありませんでした。

事業譲渡では、会社の現金は引き継げません。フリーペーパーを発行するための印刷費や配送費などの経費は、初回からすべてDさんが用意しなくてはなりません。経費は本来、広告収入で賄うべきものですが、Dさんは事業譲渡前に、発行にはどれだけの経費がかかり、それを賄うための広告収入はいくらか、どれだけの継続の広告主がいて、新規の広告契約は何件必要かを精査できていませんでした。

さらにDさんには営業経験がなく、営業に必要な人的リソースの見極めもできていませんでした。

その状態で事業譲渡を受け、見切り発車のまま経営が始まってしまったので、Dさんは思うように広告を集められず、Dさん個人で発行経費を負担せざるをえない状態が数カ月続きました。そして、その後も売上改善の見込みが立たないことから、Dさんは事業を手放すという判断をしたのです。

本文でも説明していますが、経営のために必要なお金（運転資本）の確認は、デューデリでは必須の作業です。株式譲渡なら経営が回っている会社をそのまま買い取るので、運転資本もついてきますが、事業譲渡ではそれがついてきません。そのため、事業譲渡では、運転資本の確保について、より厳しく見なければいけないのです。

個人M＆Aでは、このような厳しい現実もあります。ただDさんはこの経験を、反省点とともに詳しくサロンメンバーに明らかにして、サロンメンバーと経験の共有をしてくれました。失敗は次に生かせばいいと、いま再出発を図ろうとしています。その姿勢に、私たちメンバーはみな感銘を受け、Dさんはリスペクトされています。

サロンでは会社を買ったメンバーは「レジェンド」と呼ばれていますが、Dさんはいまも変わらず、私たちのレジェンドメンバーです。

第6章 M&A実行フェーズ②
事業計画から最終合意契約まで

事業計画の策定①　事業計画作りで自分の頭を整理する

続いて、実行フェーズのもうひとつの柱、**事業計画作り**について解説します。

事業計画はデューデリジェンスと並行して作成します。デューデリで得られたデータをもとに、自分の持つ経験やスキルも合わせて考えて、「会社をこんなふうに経営したい」という経営方針を、事業計画としてまとめるわけです。

事業計画の作り方について説明する前に、そもそも事業計画をなぜ作るのかについて考えておきましょう。

まずは、**事業計画を売り手側のオーナーに示し、それに納得してもらって、売却の合意を得るため**です。

資金調達にも必要です。金融機関や投資家からお金を集めたいのであれば、彼らに事業計画の内容を認めてもらわなければなりません。

また、**事業計画は、実際に経営で使えるものでなければいけません**。売り手側や金融機関を納得させるためだけの「絵に描いた餅」ではダメということです。

事業計画が絵に描いた餅では、会社を買ったあと、事業や資金繰りがたちまち行き詰まりかねません。事業計画は、経営陣や従業員が、日々の経営のために立ち返って見る指針です。彼らが日々の仕事を具体的にイメージできるような「使える」事業計画を作りましょう。

そして、私が何より大切だと思うのが、**事業計画を作りながら、自分の考えをまとめる**ことです。デューデリで得られたデータをもとに、その会社を買って自分がやりたいこと、やろうとしていることを形にしていけば、自分の頭の中が整理され、頭に描いていたことが果たして可能なのかをチェックできます。

事業計画に定型はありませんから、形にこだわる必要はありません。個人M&Aではそれほど大掛かりのものを作る必要はないでしょう。

みなさんは、長年、経営が続いている中小企業を買うわけですから、オーナーがチェンジするとはいえ、経営の基本的な部分はそれまでの継続でかまいません。事業計画は、新しいオーナーによって、**これまでの経営に何がプラスされるか、会社がどんなふうに変わるかがわかるものであれば十分**です。事業計画を見て、オーナーや従業員、金融機関などの関係者が、「これならいける」とワクワクするようなものを作りましょう。

ちなみに、私がバイアウトファンドとして投資検討を行ってきた中小企業で、事業計画を作成していた会社は皆無です。大企業のサラリーマンにとっては、事業計画もないのに企業経営ができるのかと疑問が湧くかもしれませんが、そのくらいの感覚で経営している中小企業がほとんどです。裏返せば、事業計画を精緻に作り、KPIに落とし込んで事業を管理していくだけでバリューアップが可能だということになります。

事業計画の策定② 何をプラスさせるか

では、事業計画作りについて説明していきます。

たとえば、あなたが大企業で営業畑を歩んできた人だとします。デューデリで会社を調べてみると、それまでオーナーひとりが営業するだけで、専任の担当者はいなかったことがわかりました。そうなると、あなたの頭の中には「こうやって営業方法を構築していこう」「あの営業管理システムを導入しよう」「新たな顧客へもアプローチしていこう」など と、営業力強化のための方法がどんどん浮かんでくるでしょう。

それを、事業計画作りに生かしていくのです。デューデリのデータをもとにシミュレーションをしながら、実際、営業管理システムの導入にどのくらいの経費がかかるのか、どのくらいの人員が必要か、売上はどのくらい上がるのかということを、**数値や行動の計画としてまとめていく**のです。

数値計画として出すのが難しいものについては、**方向性を打ち出すことでもいい**でしょう。たとえば仕入れのデューデリで、長年、原価交渉をしていないことがわかれば、その交渉の余地が見込まれます。ただし、これは交渉事になりますから、数値計画として示すのは難しいでしょう。ですから、この点は「交渉によって経費削減を目指す」という方向性を打ち出しておくわけです。

このように、デューデリで見つかったデータを踏まえて、みなさんが実際に経営に入った場合に、どれだけのことを行動として加えられるか、会計や財務面でどれだけの効果を上げられるかを検討して、数値化できるものは数値化し、方向性を出せるものは方向性を出すというのが、個人M＆Aでの事業計画作りになります。

ただし、注意しておかなければいけないのは、**アップサイド要因については割り引いて考えておく**ということです。私が投資した先でも、買収前にマーケティングのデューデリをして、テコ入れの余地があったので、その部分をアップサイド要因として考えていましたが、実際に買収してマーケティング手法を変えようとしたら、扱う商材のマーケティング手法があって、想定した新しい手法が効かなかったことがありました。このようなことがありえますので、アップサイド要因については、割り引いて考えておく必要があります。

事業計画の策定③　運転資本は厳しくチェック

デューデリや事業計画作りのプロセスを進める中で、最重要のチェック項目になるのが**「運転資本」**です。運転資本とは、会社がビジネスを続けるために必要な資金です。いわゆる**「資金繰り」**に関わるお金で、**「運転資金」**という言葉も似たような意味で使われています。

この運転資本について説明していきましょう。

商品を作るには、原材料を仕入れる必要があります。その仕入代金はたいてい現金払いではなく、1カ月後や2カ月後にまとめて支払うことが多いでしょう。原材料を仕入れたら、商品を作って売りますが、商品の売上代金も通常は、1カ月後や2カ月後にまとめて入ってきます。一方、日々の会社の経営には、人件費や水道光熱費、事務所の家賃などさまざまなお金がかかります。

運転資本とは、この**「仕入れ→製造→販売」のサイクルを回すための資金**と、**日々の経営に必要な資金**のことです。

たとえば、飲食店は日銭商売ですから、売上は毎日、そのつど入ってきます。一方、仕入代金の支払いは1カ月後にまとめてということが多いですから、毎日の売上代金を貯めておけば、仕入代金の支払いはできます。日々の経営のための費用も毎日の売上から出すことができます。飲食店のようなビジネスでは、運転資本は少なくてすむということになります。

一方、ビジネスによっては、仕入れの支払い期日が先にきて、売上代金の回収日はあとになるものがあります。製造業がその代表的なビジネスです。

工場設備の製造販売であれば、製造して、納品し、検品が完了してやっと売上が認められますが、売上代金を回収できるのは、その翌月とか、下手をすれば手形払いなどなら、半年にわたってやっとということになってきます。一方で、この売上代金が入ってくるよりも先に、仕入れの支払いをしなければなりません。それに加えて、日々の経営のための費用もかかります。つまり、製造業のようなビジネスでは、売上代金が入ってくるまでの間、経営を続けていくためには、「仕入代金＋毎日にかかる費用」という、かなりまとまったお金が運転資本として必要なのです。

ですからデューデリでは、**その会社にどのくらいの運転資本が必要なのか、いまある現金や借入枠で十分足りているのか、足りないなら手当てする手段はあるのか**をしっかり見る必要があります。中小企業の場合は、オーナーの個人資産を会社へ一時的に貸し付けて、資金繰りをしのいでいる場合もあります。よって、事業計画でも、必要な運転資本を踏まえたものを作らなければなりません。

運転資本が多い会社は、**なるべく運転資本を少なくする方法を考えましょう**。支払い期日をもっとあとにできないか、支払いを分割にしてもらえないか、売上の回収を早める余地はないかなどをチェックして、それらが可能なら、事業計画に反映させていきます。

運転資本の確保、いわゆる**資金繰りの安定は、会社経営のリスクを回避する最重要項目**です。事業計画で、運転資本について甘い見通しのまま会社を買ってしまうと、すぐに厳しい局面を迎えることになるでしょう。後述しますが、運転資本がついてこない**「事業譲渡」の場合は、とくに注意が必要**です。「株式譲渡」の場合は、運転資本がそのままついてくるので、売上が大きく変動するようなビジネスでなければ、これまでの経営のまま進めていって、突然、資金繰りがショートするということは少ないです。一方で、「事業譲渡」の場合は、資金繰りを厳しめにみて、余裕のある運転資本を準備する必要があります。どうしても資金繰りの安定が見込めない場合は、その会社を買うことはおすすめできません。

事業計画の策定④　財務改善の方法

中小企業で、財務改善につながりやすいものについて、いくつか指摘しておきましょう。まず、**仕入れの在庫管理**です。中小企業では仕入れの在庫管理がアバウトで、仕入れの発注がルール化されていないことがよくあります。そういう会社では、「どこに何をいくつ置いておくか」「在庫がいくつになったら仕入れを発注するか」などのルールを決めるだけで、ムダな発注や不良在庫が減るので財務改善につながります。

借入金（有利子負債）を見直す方法も有効でしょう。中小企業では、銀行とのつき合いを維持するために借入をしているところが少なくありません。いまはマイナス金利で金利がかなり低くなり、金融機関や借入時期によって利率の違いが見られます。一方で銀行は貸出先が少なくて困っています。借り手が有利な環境にもありますから、借入金を低い利率のものに借り換えたり、支払い期間を延ばすことができれば、財務改善につながるでしょう。

もちろん銀行との付き合いがありますから、すぐには関係を切れないということもあり

事業計画の策定

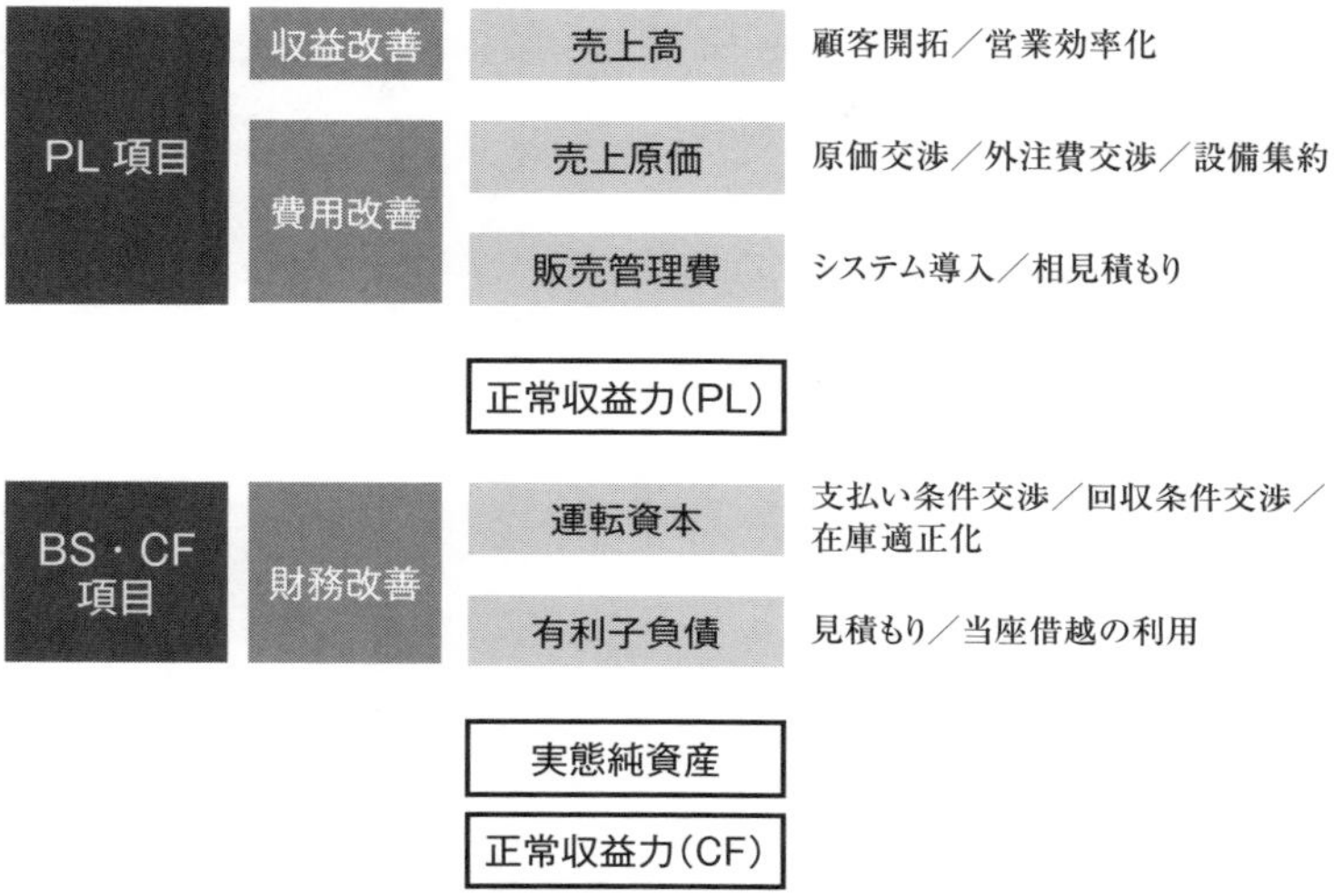

PL項目	収益改善	売上高	顧客開拓／営業効率化
	費用改善	売上原価	原価交渉／外注費交渉／設備集約
		販売管理費	システム導入／相見積もり

正常収益力（PL）

BS・CF項目	財務改善	運転資本	支払い条件交渉／回収条件交渉／在庫適正化
		有利子負債	見積もり／当座借越の利用

実態純資産

正常収益力（CF）

ます。その場合は、ほかの銀行から見積もりを取ってみましょう。利率や支払い期間などの条件が有利であれば、それを根拠にメインバンクへ相談すると、条件をよくしてくれるかもしれません。条件を緩和してくれず、その差も大きいようであれば、乗り換えることも検討すべきでしょう。

借入を**「当座借越」に変える**という方法もあります。当座借越とは、借入金の枠だけ作っておいて、必要になった分だけを借りるという融資方法です。たとえば通常の融資で1億円を借りたら1億円全額に利息がかかりますが、当座借越の場合は1億円の枠を作っておいても、利息がかかるのは実際に借りた分だけです。当座貸越で資金繰りに余裕を持たせながら、利息を減らしたり、返済期間を延ばしたりすることができれば、財務の改善につなげることができます。

こうした財務改善の方法について、デューデリでしっかりと見ていき、可能なものについては事業計画に反映させせましょう。

事業計画の策定⑤　使える事業計画のために

事業計画に実効性を持たせるために、**KPI**（Key Performance Indicator＝**重要業績評価指標**）を設定するという方法があります。

KPIとは、会社のビジネスの根幹部分を評価するための指標で、KPIの数字を見ておけば、そのビジネスがうまくいっているかどうかがわかります。KPIの数字が達成できれば、売上や利益などの大目標も達成できることになります。

KPIは大企業に勤めている人なら常識的な言葉でしょう。このKPIやPDCAのような大企業では耳慣れた言葉でも、中小企業ではまったく聞かないし通じないということも珍しくありません。ということは、**中小企業にこうした概念を導入すれば、ビジネスを改善できる余地が大きい**といえるのです。

事業計画を作るときは、**同時にKPIも設定しておきましょう**。そうすれば、経営する側にとっては経営管理がしやすくなりますし、働く側にとっても、目標がKPIの達成というシンプルなものになって、何をすべきかがわかりやすくなります。

会社のオーナーの理想的な姿として、従業員はKPIを達成すべく日々の仕事をこなし、オーナーはKPIの数字を確認するだけでだいたいのビジネスの進捗がわかるというレベルに昇華してほしいと思います。

ただし、この状態でKPIの設定が間違っていると、数字的には問題ないのに、ビジネスの実態がどんどん悪くなるという悲惨なことが起きます。そのため、**デューデリでビジネスのポイントを見極めて、適切にKPIを設定する**ことが肝心です。当然、買収前と買収後ではKPIの精度が変わってきますし、事業の進捗によって、適宜、KPIを見直していかなくてはいけません。

事業計画の策定⑥　KPIの設定

KPIの設定方法について簡単に触れておきます。詳しく知りたい人は専門書を読んで勉強してください。

たとえば、会社の事業目標が「売上高1億円キープ」だった場合、その目標達成のために見るべきKPIとは何になるでしょうか。

売上高を細分化すると、「顧客数」と「平均客単価」から成り立っていました。それに加え、

KPIの設定

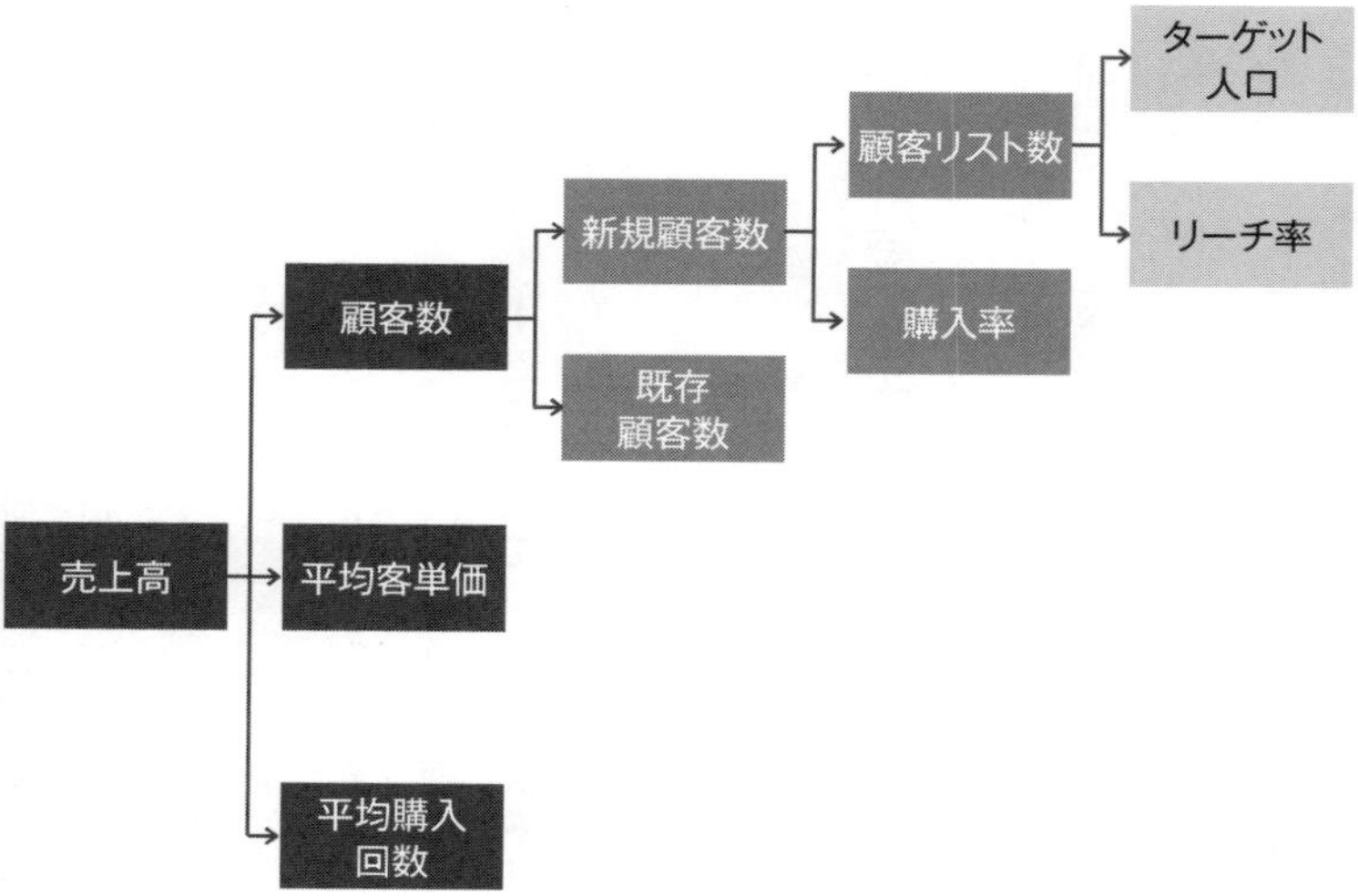

売上高には「平均購入回数」という数字が大きく関わります。

これらの３つの数字が例年通りなら、売上高１億円は変わりません。つまり、「売上高１億円のキープ」という目標を達成するには、**この３つの数字を見ておけばいい**ということになります。その数字がＫＰＩです。

ですから、普段はこの３つの数字を見ながら経営管理をします。そして、これらの数字で思わしくないものが出てくれば、**その数字をさらに細分化して見ていく**ことになります。

たとえば顧客数が思わしくない場合、顧客数は「新規顧客数」と「既存顧客数」から成り立っているので、その２つの数字を見ます。そこで、新規の顧客が伸びていないことがわかれば、**さらにその数字を細分化して見ていきます**。

新規顧客数は「顧客リスト数」と「購入率」から構成されています。顧客リストはさらに「ターゲット人口」と「リーチ率」から成り立っています。それらの細分化した数字の中に、例年とは違う、おかしい数字が見つかるはずです。

そのおかしい数字がわかれば、**それを上げるための対策を考えます**。たとえば顧客リストの数字が上がっていないなら、電話やメールなどの接触方法や営業地域、顧客層などを見直すことで対応します。

このように、ビジネスのキーポイントとなる部分でKPIを設定しておけば、その数字を見ておくだけでビジネスがうまくいっているのかどうかがわかるようになりますし、問題があった場合の対処もしやすくなります。

実は、売上や費用を細分化しながら、重要な指標を確認していく作業こそがデューデリジェンスになるのです。このようなポイントをQ&Aのやりとりやマネジメントインタビューで質疑していくことで、対象となる事業の継続性や成長性などを判断することができます。つまり、その**会社のビジネスの根幹を捉えることは、M&Aを最終的に実行すべきかどうかの判断につながっていく**のです。

そろそろM&A終盤に

この時点で、みなさんは、会社のこと、ビジネスのこと、市場環境のことなど、買収対象の会社についておおむね理解したはずです。

損益計算書は正常収益力を表すものになっていますし、貸借対照表も実態純資産を表すものに更新されています。

会社の強みやリスクを把握し、リスクについては、それをヘッジするための方法も検討しました。

その上で、買収後の経営方針を事業計画としてまとめました。収益改善の方法（例：営業の効率化、新たな販売戦略）、費用改善の方法（例：原価交渉、販売管理費の見直し）、運転資本の改善の見込み（例：支払い条件の交渉）、財務改善の方法（例：借入の借り換え）などを、数値計画や人員計画、方向性として打ち出しています。

さらに、その会社のビジネスのキーポイントを理解し、ＫＰＩも設定しました。

そろそろＭ＆Ａの実行フェーズも終盤です。残りは、**会社を買うためのスキーム（買い方）を考えるプロセス**、**会社の値段をつけるプロセス**、**資金調達のプロセス**、売り手・買い手の双方が売却に合意した上で、それを**契約書にまとめるプロセス**になります。

スキームの種類

では、会社の買い方、いわゆる**スキーム**について解説していきましょう。

M&Aのスキームにはいろいろあります。株式譲渡や事業譲渡によって買収する方法、合併や共同株式移転によって経営統合をする方法、会社の事業を分割して、新設もしくは吸収する方法などです。

ただ、この中で、個人M&Aを目指すみなさんに関わってくるのは、主に**「株式譲渡」**と**「事業譲渡」**の2つの買収方法です。レアケースで**「新設分割」**のスキームを使うことがありますが、みなさんとしては株式譲渡と事業譲渡の2つについて理解しておけばいいでしょう。

デューデリをすると、会社の買い方が複雑になることがあります。たとえば、2つの事業を持つ会社をデューデリした結果、一方の事業には問題があるので、そちらを切り離した形で買いたいといったケースです。

そういう複雑なケースもあるので、スキームの特徴を理解した上で、会社や事業を買うためにはどのスキームが適当かを検討していきましょう。

スキームの種類

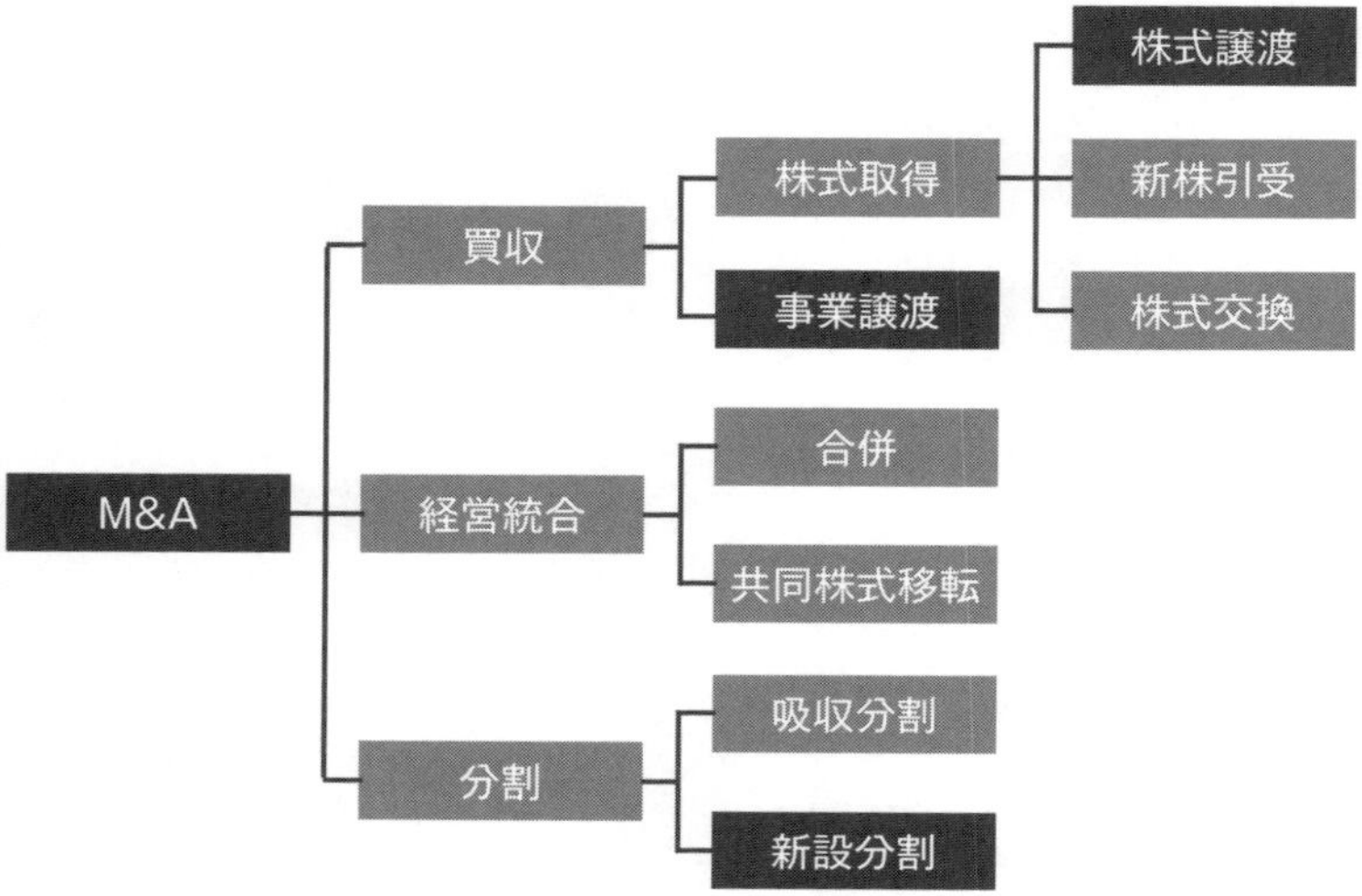

株式譲渡と事業譲渡①
すべてと一部

株式譲渡と事業譲渡の最大の違いは、**会社のすべてを包括して引き継ぐのか、会社を部分的に引き継ぐのか**という点です。

株式譲渡は包括承継ですから、会社の何もかもすべてを引き継ぐことになります。その会社が持っている資産や人はもちろん、権利や契約、雇用関係、取引関係などすべてを引き継ぎます。ですから、株式譲渡のあとに従業員と雇用契約を結び直したり、不動産の賃貸契約を結び直したりする必要ありません。

一方、**事業譲渡は、対象を特定して引き継ぐ**スキームです。たとえば、その会社のA事業を引き継ぐ場合には、A事業で使っている工場、機械、人など、引き継ぐものを特定して、事業譲渡契約書の中に書き込まなければなりません。

また、新しく事業買収用の会社を設立するなどして、事業譲渡の受け皿となる会社を準備し、すべての契約をその受け皿会社と再契約していきます。従業員とは雇用契約を結び直す必要がありますし、土地や建物を借りていた場合には、その賃貸契約を結び直す必要があります。

株式譲渡と事業譲渡② 株式譲渡がはらむリスク

株式譲渡では会社の契約関係や従業員などをすべて引き継ぐわけですから、たとえば、**簿外債務があった場合は、その存在を知らなかったとしても一緒に引き継ぐ**ことになります。これは株式譲渡スキームの大きなデメリットです。

一方、事業譲渡では引き継ぐものはすべて契約書に書かれているので、**そこに載っていない資産、負債を引き継ぐことはありません**。つまり、**基本的に簿外債務を引き継ぐことはありません**。たとえば、よくある簿外債務として従業員への未払い残業代で考えてみましょう。事業譲渡の場合は、全従業員が受け皿会社と新しく雇用契約を結ぶことになりますから、事業譲渡後に従業員から事業譲渡前の未払い残業代を請求されたとしても、法的には支払う必要はありません。ただし注意しておきたいのは、法的な見解のみで、譲渡前の話は知りませんと従業員に主張できるかというと、会社の円滑な運営という観点では、ドライに線引きできるものでもなかったりすることです。そのため、コミュニケーションは丁寧にする必要があります。

デューデリで大きな簿外債務が見つかった場合には、事業譲渡のスキームを使えば、そのリスクは一定程度避けられることになります。これは事業譲渡の大きなメリットになります。

事業譲渡のこのメリットを利用したスキームが**「第二会社方式」**です。これは企業再生でよく使われるスキームで、財務内容が悪化した企業のうち、採算性の高い事業は、ほかの会社に事業譲渡し、不採算の事業や簿外債務も含めた多大な負債については、元の会社に残して清算してしまうという方法です。ちなみに、採算の合う黒字事業を**「GOOD事業」**、採算の合わない赤字事業を**「BAD事業」**と呼びます。

儲かる事業やよい商品を持ちながらも、多角経営の失敗などで赤字まみれになって立ち行かなくなった会社でも、この方法を使えば、黒字部分を切り出して一部の事業をベースに再生することができます。

このようにスキームの特徴を理解して使えば、案件にふさわしいスキームを選んで、よりよいM&Aを行うことができるのです。

株式譲渡と事業譲渡③　事業譲渡がはらむリスク

買収の手続きとして、株式譲渡は簡単です。**「株式を譲渡する」という契約を結べば終わり**です。

一方、事業譲渡の場合は**引き継ぐものをひとつひとつ細かく特定する必要がある**ので、非常に手間がかかります。車やコピー機のレベルは当然のこと、机や椅子というレベルまで特定しなければなりません。「事業に関わるもの一式」という曖昧な書き方をすると、あとになって「これは引き継ぎ対象か否か」で揉める可能性が高いので、**手間がかかっても細かく特定したほうがいい**でしょう。

許認可や契約については、2つのスキームで大きな違いがあります。

株式譲渡では会社を丸ごと引き継ぐので、元の会社が持っていた許認可や契約関係もそのまま引き継ぎます。**チェンジオブコントロール条項**と呼ばれる、株主が変わったことにより契約更改が必要といった特殊な条項が入っていない限り、引き継ぎ後に新たな手続きは必要ありません。

一方、事業譲渡の場合は、元の会社が持っていた許認可や契約関係を、新しい会社が引き継ぐことはできません。もしその事業に許認可が必要なら、新しい会社で取り直す必要

包括継承と部分継承

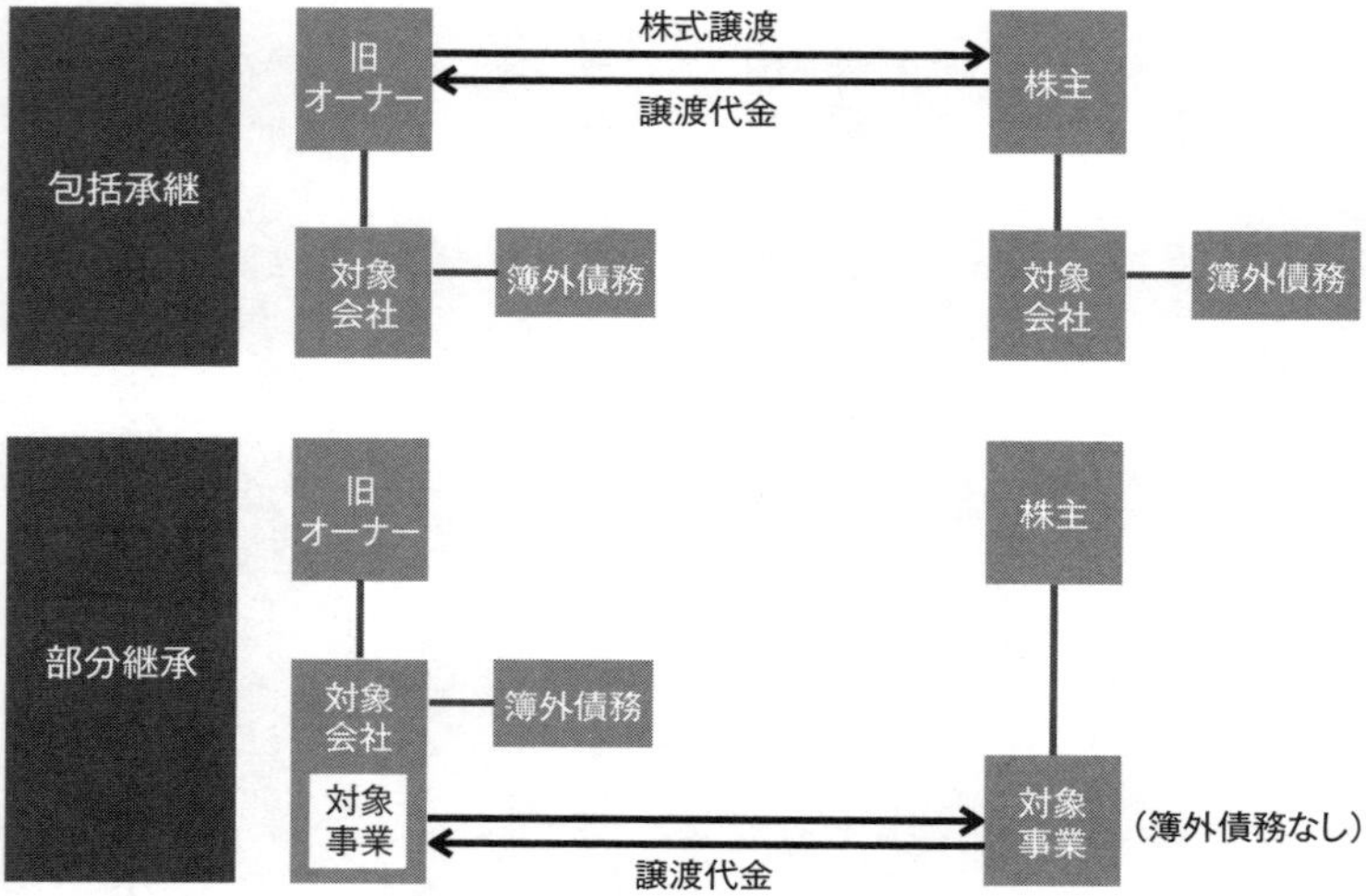

があります。

取引契約も同様です。元の会社では、その事業で大企業と取引をしていたとしても、その取引関係は新しい会社には引き継がれません。新しい会社でも取引をしたいなら、その大企業と契約を結び直す必要がありますが、取引先口座の管理コストがかかるため、大企業との取引口座を新規に開くことは難しい場合があります。コモディティ商品やサービスを提供している事業では、代替性があるので、新会社で取引口座を開けないリスクがあります。

事業譲渡の場合は、このリスクを避けるために大所の販売先には事前に確認するような手当てが必要なケースもあります。ただし、私たちの経験では、ある一定以上の競争力がある事業を買収していることもあり、事業譲渡後に口座を新規開設できなかったケースは、ほぼありませんでした。

必要な許認可や契約がすぐに取れないとなると、売上は大きく下がります。**許認可や契約関係を引き継げないという点は事業譲渡スキームの大きなリスク**です。

株式譲渡と事業譲渡④　クレームは無視できない

さらに事業譲渡で注意したほうがいいのは、**元の会社の時代に販売された商品について、問題が起きたりクレームがきたりする場合**です。

法的には元の会社の問題ですが、同じ商品を取り扱っているわけですから、消費者にとっては旧会社も新会社も同じです。それを「ウチには関係ない。元の会社に言ってくれ」と言い切れるかどうか。従業員の場合と同じように、なかなか難しい問題となります。

これが裁判を起こされたというレベルになると、その対応は元の会社がすることになりますが、**クレームのレベルでは、引き継いだ会社が柔軟に対応する**必要が出てきます。それがブランドや会社のイメージを守ることにもつながるからです。

私の投資先でも似たようなことがありました。元の会社が銀行からのリースで導入した機械について、新会社は事業譲渡の対象にしなかったのですが、事後的に銀行からその機械も事業譲渡の対象にしてほしいと求められたのです。

私たちとしては、銀行相手にケンカしたくなかったので、結局、経済合理性に見合う値段で買い取るという対応をしました。

経営はいろいろな関係性から成り立つものなので、このような柔軟な対応も必要になってきます。法やルールを振りかざして、関係性をないがしろにする人はよい経営者とはいえません。時と場合によって「感情」と「勘定」をうまく織り合わせなければいけないこともあります。

株式譲渡と事業譲渡⑤　のれんと譲渡益課税

株式譲渡と事業譲渡では税金も変わってきます。税に関しては、個々の取引で複雑な処理が求められますし、税制の変更もありますから、ここでは概念的に理解するためのものとして取り扱っていただき、実際の取引における税務処理については、税理士さんにご相談ください。
まずは**「のれん」**の取り扱いの違いです。会社は、通常、純資産に一定額を上乗せして買い取ります。本来、会社の価値は貸借対照表に載っている純資産がすべてですから、上乗せした分については、その会社に、それを上回る価値があると評価したことになります。その部分を会計的には「のれん」という資産として扱うわけです。

つまり、純資産に「のれん」を足して買ったことになり、BSにも「のれん」として表記します。

この**「のれん」は減価償却できる**ことになっています。ということは、その分の費用が増え、結果として税金が減ることになります。

ただ、こうした**「のれん」資産の扱いができるのは事業譲渡のケースだけで、株式譲渡ではできないルールになっています**。それがなぜかは、BS上での取り扱いで見ればわかります。

事業譲渡では、事業は元の会社のBSから新たな会社のBSに移ります。そこで純資産より高い市場価値があると他者から評価されたことが確定するので、その分は「のれん」資産として捉えることができるわけです。

一方、株式譲渡ではBSそのものの持ち主が変わるだけです。BS上は資産の移動も他者評価もありません。ですから、このルールが使えないのです。つまり、同じ金額で同じものを買っても、**スキームの違いで税金が変わってくる**ことになります。

売り手側の譲渡益に対する課税でも違いが出ます。売り手が法人の場合は、株式譲渡でも事業譲渡でも法人税率が適用され、その課税率はおよそ30％です（法人税額は納税額などによって変わりますが、ここでは便宜的に30％としています）。しかし、個人所有の株式を譲渡する場合はキャピタルゲイン課税率が適用され、元オーナーにかかる課税率は約

20％になります。課税額が1億円だとしたら、課税率が10％上がれば、税額は1000万円上がりますから、その違いは無視できないでしょう。

仮に個人所有の法人を1億円の課税対象となる金額で買い取ろうとした場合、オーナーである個人は概算2000万円（約20％）の税金を支払わなければなりません。一方で、事業を選り分けて、事業譲渡を行った場合は、オーナー個人ではなく、対象法人に法人税が発生するので、概算3000万円（約30％）の課税がなされます。GOOD事業とBAD事業を株式譲渡スキームで一緒に買収するのと、事業譲渡スキームでGOOD事業のみを買収するのでは、概算1000万円の税負担が変わる可能性があるわけです。ということは、買い手としては、BAD事業も含めた株式譲渡スキームにしておけば、買収価格の交渉材料になるかもしれないということです。

もちろん、BAD事業が赤字垂れ流し状態であれば、その部分も買収価格に反映していかなくてはいけませんし、GOOD事業とBAD事業を合算すれば利益ベースが減るので買収価格が下がるということにもなります。また、事業譲渡で純資産価格よりも高く買った場合は、買い手としては「のれん」の計上をすることができ、損金計上をすることができたりもします。

ただし、ここまでくると計算がややこしくなりますから、ひとまず、**譲渡のスキームで税率が変わる**（売り手も買い手も税引き後の手取り金額が変わる）可能性があることを理解してもらえれば十分です。

株式譲渡と事業譲渡⑥　繰越欠損金と取得税

繰越欠損金もスキーム選択の材料になります。繰越欠損金とは、赤字を一定期間、損失として貯め込んでおけるという税制上のルールです。繰越欠損金があれば、経営が黒字に転換しても、利益が繰越欠損金分を上回らない限り、税金を払わなくていいことになります。

株式譲渡の場合は、この繰越欠損金も丸ごと引き継ぎます。買収対象となる会社が1億円の繰越欠損金を計上していたとすると、買収後、黒字になっても、利益が1億円を超えない限り、税金を払わなくていいということです。

しかし、**事業譲渡では繰越欠損金を引き継ぐことはできません**。繰越欠損金の節税メリットは得られないのです。

もうひとつ、税制面で、株式譲渡と事業譲渡で大きく変わるのが**取得税**です。株式譲渡では株式の所有者が書き換わるだけなので、取得税は関係ありませんが、事業譲渡では買い取ったものによっては取得税がかかるものがあります。

たとえば土地です。土地を買い取れば、不動産取得税、登録免許税がかかります。また、建物や設備、在庫などにも消費税がかかります。買収時の「のれん」にも消費税はかかり

包括継承と部分継承の違い

	株式譲渡	事業譲渡
手続き	簡便（株式譲渡契約のみ）	煩雑（個別移転契約）
許認可	手続き不要（原則）	再取得
買収対象特定	特定「不可」	特定「可能」
簿外債務	継承	非継承（原則）
税務上のれん	認識「不可」	認識「可能」
譲渡側課税	個人 約20%／法人 約30%	法人 約30%
繰越欠損金	利用「可能」（原則）	利用「不可能」
簿価変更	不可	承継資産時価＞簿価 可能
取得税	なし	不動産取得税／登録免許税／消費税

ますので、投資予算に組み込んでおかなければいけません。これらが意外と嵩《かさ》むので注意しましょう。

たとえば、土地500万円、工場設備など1500万円、合計2000万円を事業譲渡で引き継いだら、土地には不動産取得税4％で20万円と、登録免許税2％で10万円がかかり、工場設備などで消費税10％の150万円がかかります。2000万円の事業譲渡に対して、180万円の納税が必要となります（あくまで概算です）。

私も初めて事業譲渡をしたときは取得の際の税金の高さにいささか驚きました。ただ、還付という制度があるので、実際の負担額は変わってきます。

再度、お伝えしておきますが、ここで述べたのは基本的な考え方についてです。実務上では、さまざまな税制があって、取り扱い方が変わったり、細かな数字が違ったりしますので、実際にどうなるかについては税理士さんに確認しながら進めてください。

会社に値段をつけよう

デューデリを終えて、事業計画を作って、KPIも設定して、スキームも選択しました。いよいよ最終的な**会社の値段を確定させる作業**です。

会社の値段をつける方法としては、これまでに「純資産+営業利益3~5年分」という方法と、「EBITDAマルチプル」という方法について説明しています。

ここでは、それらの方法の元となる事業価値の評価方法として**「バリュエーション」**を説明します。

バリュエーションには3つのアプローチがあります。**収益基準(インカムアプローチ)、市場基準(マーケットアプローチ)**、**原価基準(コストアプローチ)**です。

ざっくり言うと、「その会社がどのくらい稼ぐか」というアプローチが収益基準で、「市場でどのくらい評価されるか」というアプローチで計算するのが市場基準、「その会社をもう一度作るにはどれくらいかかるか」というコストからアプローチするのが原価基準です。

会社というのは、それぞれがこの世にひとつしかないものなので、それに値段をつけるのはそもそも難しい作業です。その難しい作業について、「誰もが納得するであろう方法」として世界的コンサルティング会社のマッキンゼーが記した『企業価値評価』（ダイヤモンド社）が、M&A業界のバリュエーションのベースの考え方となっています。同書の簡易版なども出ていますから、一度、お読みになることをおすすめします。

バリュエーション① 収益基準、DCF法

まず**収益基準**というアプローチです。このアプローチは**会社が将来に得られるであろう収益から事業価値を導き出す**方法です。

たとえば、買収対象の会社が毎年100の利益を出すとします。収益基準では、将来の収益から会社の値段を出しますが、将来収益を単純に足し上げれば、その会社の値段が出るというものではありません。

お金は時間がたてば増えるのが基本的な考えでした。手元にある90万円を11％の利回りで運用すれば、1年後には約100万円になるからです。つまり、いまの手元の90万円と、1年後に受け取れる100万円は同じ価値だと言えるわけです。ですから、将来得られる収益を現在の価値に直すと、割り引かれることになります。

1年後の100は、現在の価値では90くらいで、5年後の100は60くらいと考えるわ

DCF法の考え方

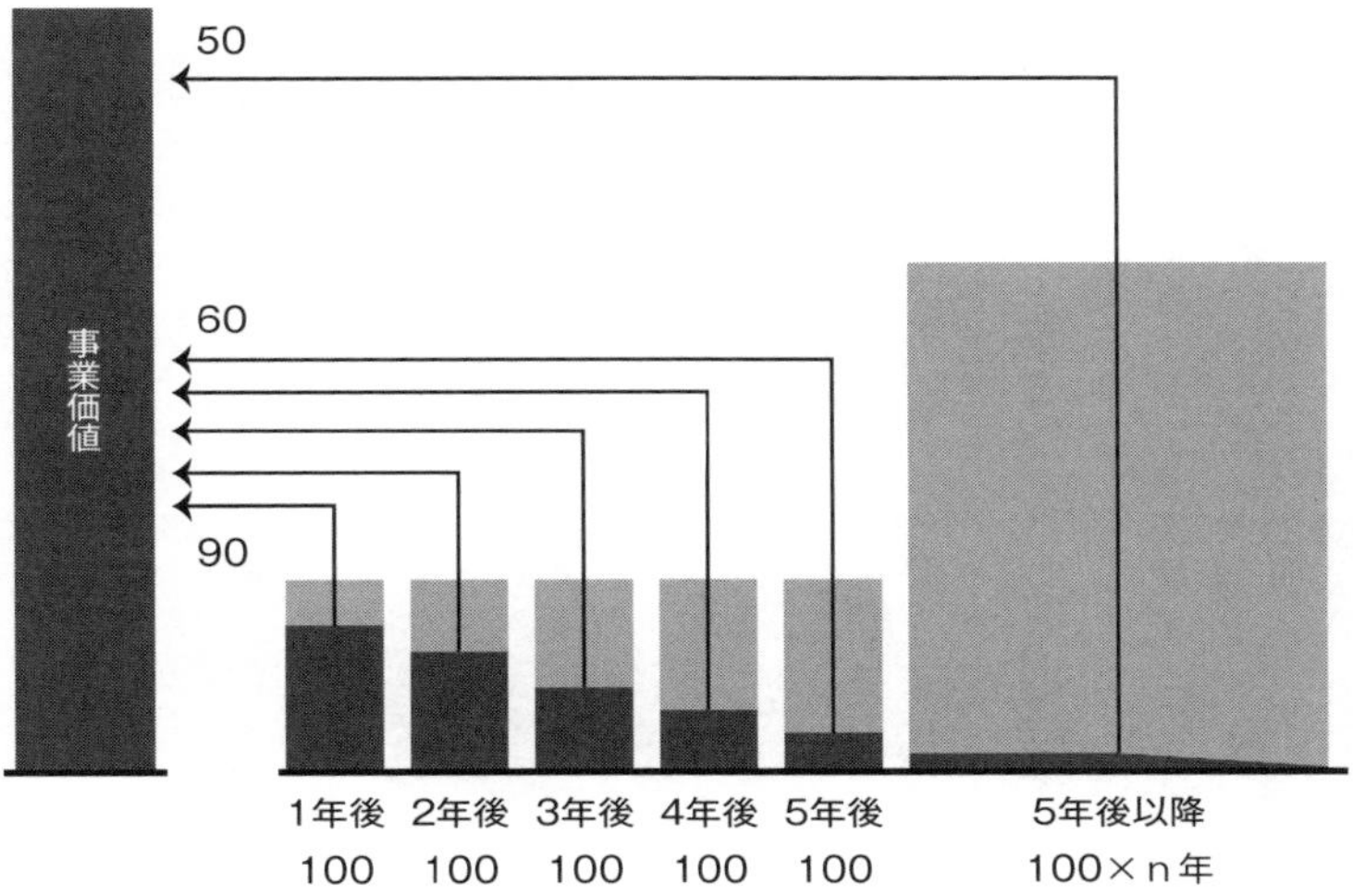

けです（割引率11％の場合）。5年目以降も順次割り引かれていって、これらの割り引かれた将来収益をすべて足していけば、会社の現在の事業価値が出ることになります。これが**DCF法（ディスカウントキャッシュフロー法）**といわれる計算方法です。

収益基準では、もうひとつ**直接還元**という方法があります。こちらは、単年度の収益を利回りで割り戻して計算する方法です。割り引きの考え方はDCF法と同じですが、毎年同じ収益となる不動産のような価値を算出するときに使われ、年度ごとの収益が変化する会社の価値評価にはあまり使われません。

ＤＣＦ法で事業価値を出し、その数字に、現金などの事業に関係のない資産をプラスしたり、有利子負債などをマイナスしたりすれば、最終的な会社の値段（株主価値）になります。これが収益基準というバリュエーションを使った会社の値段のつけ方です。

DCF法は、ベンチャー企業が自分の会社を売りたいときによく使います。というのも、ベンチャー企業は、資産（過去の実績）があまりなく、将来の収益を期待して企業価値を評価してほしいと考えるからです。将来のキャッシュフローがどんどん増えてこんなに儲かりますよというアピールをするために使うわけです。ただ、買う側からすると、将来の収益は確定的に見通せるものではないので、DCF法で作ったデータはそれほど重視しないというのが正直なところです。

DCF法は、みなさんのような小さなM&Aで使うことは少ないでしょう。それでも、収益基準とはこういう方法で計算するんだということくらいは知識として覚えておいたほうがいいでしょう。

バリュエーション② 市場基準

市場基準では、**会社が市場でどのくらい評価されているか**というアプローチで事業価値を算定します。市場基準で比較対象になる会社は情報を開示している上場企業ですから、未上場の会社を買う個人M&Aでは、市場基準はちょっと使いづらいところはありますが、目線をつける意味では参考になります。

市場での取引事例を見ていけば、たとえばＩＴは高く売れる（マルチプルは高い）ことがわかりますし、逆に製造業はあまり高くない（マルチプルは低い）ことがわかります。そういう目線を知っておけば、自分が買うときに、実際とはかけ離れた値段をつけることがなくなるでしょう。高く売れる業種や業態を知ることもできます。

ここでは**類似会社比較法**について説明します。これはその名の通り、類似の会社を比較する方法です。買収対象の会社とビジネスモデルが似ていて、サイズも近く、わかりやすく言うと競合になりうるような会社を集めてきて、それぞれのデータを比較するものです。対象は上場企業ですから有価証券報告書が公開され、株式の評価もわかります。その資料を集めてきて、その中の数字を拾っていきます。

「株価」と「株式数」を掛け合わせると**「時価総額（株主価値）」**になります。時価総額に「有利子負債」の額を足して、余剰現金など事業とは関係のない「非事業資産」の額を引けば、その会社の**「事業価値」**が出ます。

さらに、営業利益に減価償却費を足せば**「簡易的なEBITDA」**が出るので、事業価値に対するＥＢＩＴＤＡの割合で、**「マルチプル」**を比べることができます。

こうして、いくつかの類似会社のデータを集めてきて、マルチプルを比較してみると、たとえば、Ａ社４倍、Ｂ社５倍、Ｃ社５・５倍、Ｄ社10倍などとなります。この例では、

類似会社比較法

	株価	株式数	株主価値	有利子負債	非事業資産	事業価値	EBITDA	比較倍率
A社	10	150	1,500	300	200	1,600	400	4.0
B社	20	200	4,000	1,000	300	4,700	940	5.0
C社	15	200	3,000	500	200	3,300	600	5.5
D社	30	120	3,600	400	500	3,500	350	10.0
							中央値	5.25
							平均値	6.12

D社の10倍が突出しているので、平均を取ると、数字が歪む可能性が高くなります。突出した数字は外すか、もしくは中央値を取れば、実態に近い数字を得ることができるでしょう。

この結果、この業種・業態でこのサイズだったら、マルチプルは5倍くらいが市場の評価だということがわかります。となると、買収対象の会社をマルチプル3・5〜4倍くらいで買えればいい買い物だと考えることができるわけです。

類似会社比較法では、このように**類似会社との比較から会社の値段をつけていきます**。これが市場基準による事業価値の評価になります。

ただし、上場企業は、誰でも株が買えるという流動性が高い状態なので、株価が高くなる傾向があります。一方で、上場のための管理コストがかかるので、その分の利益は減っています。このことから一律には比較できませんので、注意してください。

未上場会社で同様のデータを得るのは難しいですが、仲介やFAは扱う案件が多いので、過去の事例から、この業種・業態でこのサイズならだいたいこのくらいですよと教えてくれることもあります。感覚値に近いものなのでバイアスが生まれますが、ひとつの目安にはなります。

ちなみに、中小企業のM&Aでは、EBITDAで1億円がひとつの閾値《しきいち》になっています。EBITDAで1億円を超えると、その会社の安定性は高いと判断されて、マルチプルがぐっと高くなり、高い価格で取引されるようになるのです。業種や業態でも変わってきますが、**EBITDAで1億円超えの会社のマルチプルは5倍以上、1億円を超えない会社は3〜4倍程度**という目線があったりします。

同様の意味で、上場企業は安定性が高いと見込まれるので、マルチプルはより高まる傾向があります。

バリュエーション③　原価基準

バリュエーションのもうひとつのアプローチが**原価基準**です。**会社をもう一度、ゼロから作るとしたら、どのくらいコストがかかるか**というアプローチです。基本的には、BSの資産を時価評価に直して、そこから負債を引いた**「実態純資産」**になります。

私は、個人M&Aで会社の値段をつける際には、この**原価基準で得られる数字と、市場基準で得られる数字を比較することが大事だ**と考えています。

バリュエーションの種類

収益基準 インカムアプローチ	将来収益	DCF (Discounted Cash Flow)	将来収益を割引率で現在価値に引き直す
		直接還元	単年度の収益を利回りで割り戻す
市場基準 マーケットアプローチ	市場取引	市場株価平均	上場企業の株価を参考
		類似会社比較	同業種の株価を参考
		類似取引事例	実際の取引事例を参考
原価基準 コストアプローチ	最調達価格	簿価純資産	BSの純資産を利用
		時価純資産	BSを時価評価し、純資産を利用

会社の経営とは、言い換えると、会社が持つ資産を効率よく使って利益を上げることです。専門用語を使えば、**自己資本利益率（ROE）の高い経営が優れた経営**になります。ROEとは投下した資本に対して、どれくらい利益が出ているかを表す指標でした。ROEが高いほど投下した資本を効率よく使って利益が上がっていることになります。

中小企業ではお付き合いでムダな資産を持ち続けていたり、先代から相続してきた土地など、事業として見れば過剰な資産を抱えていたりすることがよくあります。資産価値は高い一方で、それを効率的に使えていない、ROEが低い状態であることが多いのです。

そういう会社を、原価基準をベースとし

た「純資産＋営業利益3年分」という年倍法のみで値段を出して買ってしまうのは、あまりいい買い方とは言えません。

資産を効率的に使えていない会社は、市場評価は高くなりません。そういう会社を市場基準で見れば、値段はまったく変わってきます。

つまり、**原価基準と市場基準でそれぞれ得られる数字は、同じ会社に対する価値算定でありながら大きく違う**わけです。会社の値段をつける際には、大きく異なるその2つの数字を出して、それらを比較しながら、ほかのデータも加味して値段をつけることが大事です。

とにかく、**1つの方法だけで値段をつけないことが大切**です。いろいろな角度から会社の価値を測ることで、より実態に合った数字に近づくはずです。

資金の調達方法①　最初のアプローチ

さて、会社の値段が決まれば、次は**資金をどう調達するか**になります。

会社を買うための買収資金を、個人に対して金融機関がすぐに融資してくれるかというと、なかなかそうはいきません。個人M＆Aでの資金調達は難しいですが、みなさんが取りうる方法について説明していきたいと思います。

最初のアプローチ先は、**買収対象の会社の取引銀行**がいいでしょう。取引銀行としては、オーナーチェンジによって関係が切れ、取引先が減るということは避けたいはずです。ですから、こちらとしては「オーナーが変わっても取引は続けます」ということを伝えて、それをインセンティブに買収資金の融資をお願いするわけです。

このとき注意しなくてはならないのは、**銀行にアプローチするタイミング**です。M&Aがほぼまとまって、売り手と一緒に銀行へ行って融資をお願いするのならいいですが、売り手のオーナーに黙って銀行に話をして、買収話を知った銀行がその会社にコンタクトを取ってしまうと一大事です。交渉の状況やオーナーの性格を見ながら、オーナーに相談するタイミング、銀行にアプローチするタイミングを考えましょう。

新規の銀行へのアプローチも可能性があります。新規の銀行としては、買収対象の会社の融資を引き受ければ、新規融資額を増やすことができます。その会社の融資の借り換えを条件に買収資金の融資を引き受けてくれるかもしれません。

資金の調達方法② どのレベルの金融機関が狙い目か

金融機関には、都市銀行、地方銀行、信用金庫、信用組合などさまざまなものがあります。これらの中で、個人M&Aを目指すみなさんが、資金調達先としてどこを回るべきかについても話しておきましょう。

都市銀行は、個人M&Aのような小さな案件は相手にしてくれないでしょう。おそらく門前払いにされる可能性が高いと思います。

狙い目はやはり地域の**信用金庫、信用組合**です。地銀も第一地銀は難しいかもしれませんが、**第二地銀**なら可能性は高まります。

信金や信組、地銀は、地域経済のために存在しています。事業承継によって地域の会社が廃業を免れ、若い人が引き継いでお金も借りてくれるということになれば、もちろん個別事情はありますが、資金提供に前向きになるはずです。

そのほか、中小企業の事業承継を進めるという国の方針を受けて、**国や地方公共団体が補助金や助成金制度を設けています**。たとえば、中小企業庁が事業承継補助金を出していますし、東京都中小企業振興公社では、都内にある中小企業の事業承継に対して、独自の助成金を出しています。

また、公的金融機関の**日本政策金融公庫**では、事業承継向けの融資の枠があります。融資限度額が7200万円で、主に無担保で融資をしてくれるので、相談してみる価値はあるでしょう。

金融機関が個人M&Aに融資してくれるには、まだまだハードルが高い状態ではありますが、ここ数年で借りやすい環境へと大きく変わってきており、今後もその傾向はさらに加速していくことでしょう。

資金の調達方法③　金融機関以外のアプローチ

銀行以外へのアプローチもあります。最近では国内でも**事業承継専門のファンド**が出てきました。そこも資金調達先のひとつになるでしょう。

たとえば**サーチファンド**です。サーチファンドというのは、経営者を目指す個人が、ソーシングと会社買収のための資金を投資家に募り、M&Aを成功させることで、投資家にリターンを与えるというビジネスモデルです。このような事業承継に関するファンドは、今後、種類も数も増えてくるでしょう。

協調投資家を探すという資金調達方法もあります。協調投資家とは、お金を出してくれる人のことです。第一候補はその会社にお金を出すことで事業シナジーが得られる会社になります。取引先などを探していけば協調投資家が見つかるかもしれません。

実は、**売り手のオーナーも資金調達先のひとつ**です。これは要するに、オーナーに買収資金の分割払いをお願いするということです。オーナーがそれを認めてくれるかどうかは、オーナーとの関係性にかかってきます。個人M&Aでは、オーナーと良好な関係を築くことが、あらゆるプロセスで大切になるのです。

資金の調達方法④　会社の資産を利用する

買収対象の会社の資産を利用して資金調達する方法もあります。

そのひとつが、会社が持っている売掛金や在庫を担保にして、金融機関からお金を借りる**アセット・ベースド・レンディング（ＡＢＬ）**という方法です。これは買収資金のメインの調達方法までにはなりにくいですが、スキーム次第では可能性がありますので、頭に入れておきましょう。

また、買収対象の会社のフリーキャッシュフローを見込んでお金を借りる方法が、**レバレッジド・バイアウト（ＬＢＯ）**です。つまり、買収対象の会社が将来に得るであろう利益を見込んで、金融機関からお金を借り、返済は、買収後に得られる利益から返していくという方法です。

ただし、個人Ｍ＆Ａのようなサイズの小さい案件で使えるかどうかは、それぞれの金融機関の判断になりますので、金融機関に相談してみてください。

交渉のクロージングが見えてきたら、資金調達のために金融機関のドアをノックし始めてもいい頃でしょう。銀行は、一見さんお断りのところが多いですから、伝手を使って、なるべく紹介を受けてから行ったほうがいいと思います。デューデリで税理士などの専門家を使った場合には、彼らの持つネットワークから金融機関を紹介してもらえれば、彼ら

資金調達の方法

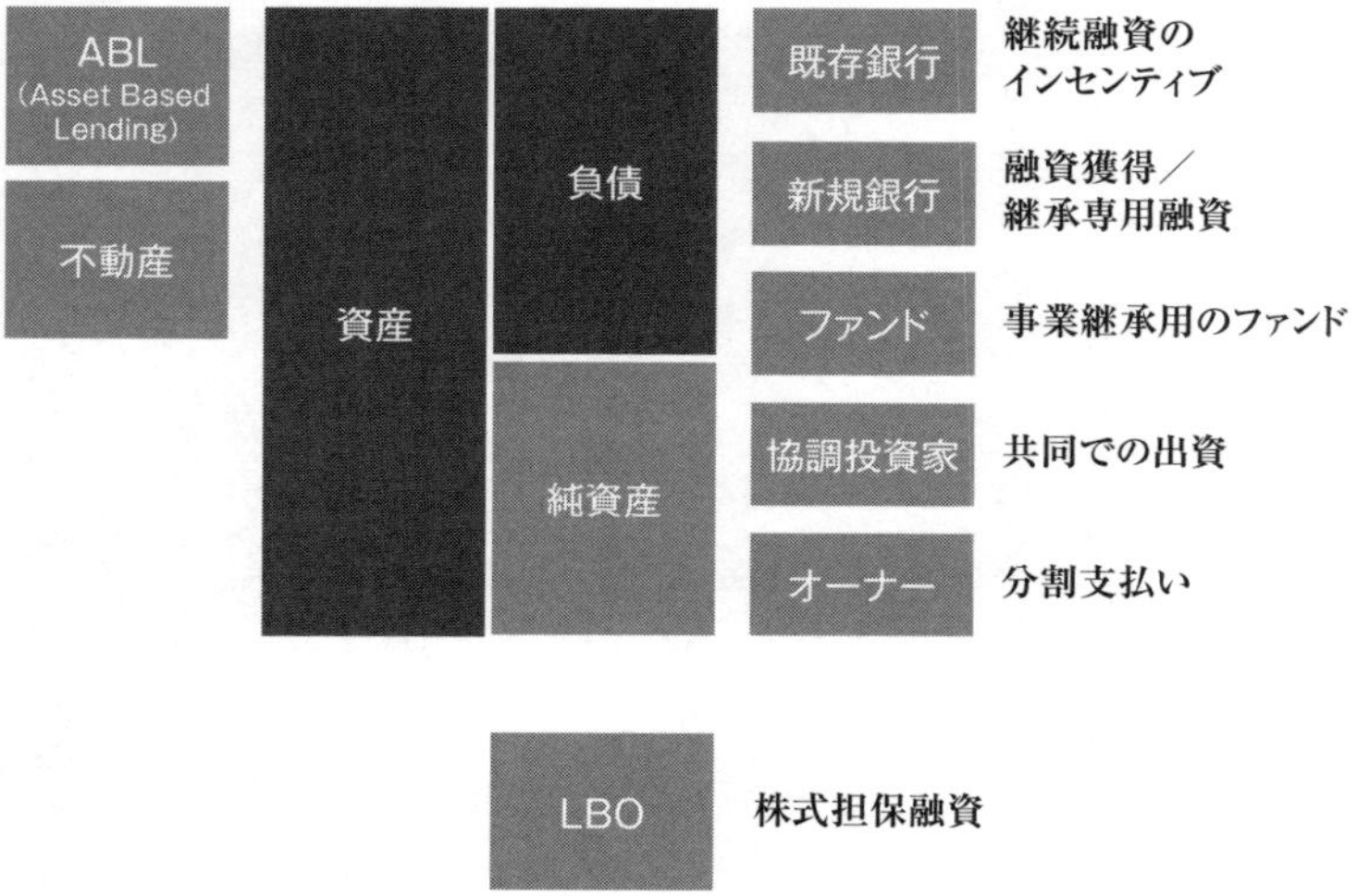

に払ったコストを資金調達に生かすことができるかもしれません。

資金調達というのは、基本的には、ドブ板営業と同じです。買いたい会社の情報を持って、「この会社を買うお金を貸してほしい」と、いろいろなところに当たっていくしかありません。その会社が**いい会社ならお金を出してくれるところは見つかる**はずです。

既存の取引銀行に行って、新規の金融機関も10行くらい回り、ファンドや投資家も当たって、取引先にもアプローチし、オーナーにも相談したのに、それでも資金調達ができなかったとしたら、買おうとしている会社がいい会社ではないのかもしれません。いい案件であれば、このくらいアプローチすれば資金調達ができるはずです。資金調達ができないのであれば、急がば回れで、もう一度、ソーシングから始めましょう。

最終合意契約① 契約書の主な項目

ようやくM&Aの最後の手続き、**最終合意契約**までできました。買収資金も調達できて、金額やスキームについても合意した段階です。

最終合意契約では、**合意内容を契約書にまとめる**作業をします。この契約のポイントについて、株式譲渡契約書を例に挙げて説明しましょう。

株式譲渡契約書では、売主と買主が示された上で、売主が買主に株式を譲渡する契約であることが明示されます。そして、**譲渡期日**と**譲渡価格**、**支払い方法**が示されます。

支払い方法には、一括払い、分割払い、エスクローなどの方法があります。**エスクロー**というのは、買収代金をいったん弁護士などの第三者の口座に預けておき、取り決めた条件が満たされたら、お金が売り手側に支払われるという方法です。第三者にお金を預けることが契約の前提になります。

エスクローを使えば、買い手としては、買ったあとに発生するかもしれない損失分を返金してもらうといった契約を結んだものの、売り手から「お金がないので払えない」と言われるリスクをヘッジすることができます。大企業を相手に契約書を作成しておけば、契

最終合意契約のポイント

定義	用語の定義など
経済条件	譲渡条件／分割払い／エスクロー／振込口座など
前提条件	表明保証違反の不存在／契約義務違反の不存在など
表明保証	権利能力／会社の存在／株式の帰属など
	「重要な」「知りうる限り」「別紙（さらなる詳細事項の確認）」
誓約事項	善管注意義務／株式譲渡の手続き／競業避止義務／雇用継続など
補償	金額の上限下限設定／請求期間
解除	契約実行が困難な場合など

約の内容が実際に発生した場合に履行してくれる可能性は高いですが、中小企業レベルのやりとりだと、「ない袖は振れない」と言われてしまえば、それで終わりです。いくら裁判に持ち込んで闘っても、裁判で100％勝つことが難しい上に、勝ったとしても、ないものを取り返すのは至難の業だからです。このようなことから、エスクローという形で、資金を保全しておくのです。

一方、売り手としては、顕在化もしていないリスクを、言いがかりのように譲渡価格を引き下げる交渉材料にされないというメリットがあります。たとえば、発生するかどうかもわからない未払い残業代の請求額を株価を下げる交渉に使われたのであれば、その金額分をエスクローしておき、最終的に発生しなければ回収できるようにすればいいのです。**エスクローは、売り手、買い手の双方にメリットがある方法**といえるでしょう。

そして、**売主、買主の双方が表明保証します**。これはいわば宣誓のようなものです。売主としては、会社に正当な権利能力があること、株式が正当な手続きで存在していること、会社が正当に存在していることなどを表明保証します。

買い手も自分が正当な権利能力を持った存在であることを表明保証します。

こうした表明保証は、取ろうと思えば、さまざまな項目について取ることができます。中には契約書に「別紙」をつけて、非常に細かなところまで表明保証を求める契約もあります。どんなものを別紙で表明保証するかについては、この章の実例紹介で説明しましょう。

このほか、売り手の遵守事項として、譲渡期日までは、**善管注意義務に従って、通常通りの経営を行うこと**や、**競業避止義務があること**などを定めます。競業避止義務とは、会社を売ったあとの一定期間は、売り手がその地域で競合となるようなビジネスをしないという約束です。

そして、最終合意契約が守られなかった場合の**補償金額**と**補償の請求期間、契約が実行できなくなった場合の手続き**について定めます。

以上が、株式譲渡契約書の主な項目になります。

最終合意契約② 表明保証のポイント

最後に、表明保証の交渉で気をつけるべきポイントを、2つ指摘しておきましょう。

1つ目のポイントは、**表明保証の条文で「重要な／重大な」という言葉を入れるかどうかです。**

たとえば、売り手のオーナーから「会社の経営成績に『重大な』悪影響を及ぼす恐れのある事由は生じていない」という表明保証を取ったとします。

しかし実際には、経営に悪影響のある事由が生じていたとなると、それに対する損害賠償を求めることになります。その交渉がまとまらなければ裁判となるでしょう。そして、この交渉や裁判の場では、その事由が「重大な悪影響だったか否か」という争いになります。

裁判や交渉で、その事由が、「重大な悪影響」と認められれば、売り手の損害賠償額は大きくなりますが、「重大な悪影響」と認められなければ、その額は少なくなるか、発生しない可能性もあります。経営に悪影響だったかどうかを判定し、さらに、それが「重要」だったかどうかの判定までする必要が出てくるわけですから、争点が増えることになります。争点が増えれば、認められない可能性が上がってくるわけです。

ですから、表明保証の中に「重要な／重大な」という言葉を入れるかどうかはポイントになるのです。

2つ目のポイントが**「知る限り」**と**「知りうる限り」**という言葉です。

たとえば、売り手側が、ある問題について「『知る限り』はない」と表明保証をするのと、「『知りうる限り』はない」と表明保証をするケースを考えてみましょう。

「『知る限り』はない」ということは、のちに問題が発覚しても、「知らなかった」と言えばよく、それを覆して、知っていたことを証明するのは相当難しい作業になります。ですから、この場合は**大きな損害賠償は取りにくい**ことになります。

一方、「『知りうる限り』はない」という場合には、その問題を知っていたか知らないかではなく、経営者として知るべき問題だったのか、合理的に調べればわかったはずのものだったのかという争いになります。オーナー経営者であれば、経営について知らないことは基本的にはないでしょうし、あったとしても調査することもできるわけです。そのため、経営者の権限があれば知りえたでしょうと主張することができますから、その立証の難易度は下がり、**損害賠償は比較的取りやすくなる**でしょう。

表明保証においては、売り手としては「知る限り」、買い手としては「知りうる限り」にしたいというせめぎ合いになるのです。

こうした言葉の取り扱いについて、実務上は、このように大きな影響力のある言葉として扱われています。そのため、実際の交渉では、それを念頭に置いて交渉する必要があります。

最終合意契約③　まだ8合目

さあ、最終合意の契約書ができました。ただし、これでM&Aが終わったわけではありません。

普通の人の感覚なら、契約書ができたら、交渉は99%終わりと思うかもしれません。しかし、私たちM&A業界の人間からすると、**ここでようやく8合目**です。行程としてはまだ残り2合、5分の1が残っているわけです。

もう一度念を押しておきます。**ビジネスでは「着金がすべて」**です。契約書があっても、それに実行が伴わなければ、その契約書にはなんの意味も、なんの価値もないのです。

ある仲介会社の人から聞いた話をしましょう。

大阪にある会社の売買契約がまとまって、契約書への捺印と送金という最後の手続きが、仲介会社のオフィスで行われることになりました。最後のセレモニーですね。

その仲介会社は東京にありました。売り手の会社は大阪ですから、社長さんは大阪に住んでいました。セレモニー当日の朝、社長さんは、新幹線で東京に向かいました。

問題は、その後、起きました。新幹線に乗ったはずの社長さんが、姿をくらまして、東京の仲介会社のオフィスに現れなかったのです。結局、このM&Aは、最後の最後で流れてしまったのです。

実は、Ｍ＆Ａでは、こういう話は珍しくありません。最終合意をして、契約書を作っても、最後の最後に迷いが出て、気持ちが変わるということがよくあります。

この大阪の社長さんは、新幹線に乗りながら迷ったのだと思います。従業員の顔、つらかったこと、楽しかったこと、会社に関わるさまざまな思い出が頭を巡ったことでしょう。そして、「本当にこれでいいのか？」と思ってしまったのです。

みなさんも転職するときなどは迷うでしょう。お世話になった先輩の顔、取引先からかけてもらった言葉、仲間と苦労した日々など、会社にまつわるさまざまなことを思い出して、「本当に、会社を辞めていいのかな」と悩むかもしれません。会社を買う側としても「会社経営に失敗したら、家族を路頭に迷わすかもしれない」「自分に会社の経営なんてできるのだろうか」などと、気持ちが折れそうになることもあるでしょう。迷いは必ず出ます。それは、最後の最後まで、みなさんにつきまとうでしょう。

ですから、**契約書ができても、終わりではない**のです。しかし、着金をしてしまえば、不可逆的なものとなります。

着金という実行が伴って、ようやくＭ＆Ａは終わるのです。

ちなみに、この話をしてくれた仲介会社の人は、大阪の社長さんを東京まで呼ばずに、こちらから大阪に出向いて、最後のセレモニーをやればよかったと言っていました。

M&Aでは相手の立場に立って考えることが大切だと書いてきました。その姿勢は、最後の最後まで必要なのです。

事例6 実際の契約書を見てみよう

秘密保持契約書（NDA）

第6章の実例では、実際の契約書を見ながら、契約書とはどんなもので、どんなことに気をつけて作ればいいのかについて解説します（巻末「付属資料」参照）。なお、ここでご紹介する契約書は一例にすぎませんので、実際のM&Aとは細かい部分で違うところがありますが、その骨子は変わらないと思います。

まず「秘密保持契約書」です。秘密保持契約書はノンネームシートという匿名の会社情報を見て、興味を持った会社から、さらに詳しい情報をもらうために、その会社と結ぶディールの最初の契約になります。

秘密保持契約は「情報を漏らさないように」というだけのものなので、この段階で大きな問題が起きることはほとんどありません。ですから、それほど細かく見ずに結んでもかまわないでしょう。ですが、一応、内容を確認しておきましょう。

主文で、売り手と買い手の名前を確認して、この契約書の目的（第1条）、秘密情報の定義（第2条）を定めます。秘密情報を定義して、秘密情報に当たるものを決めておくのです。すでに知っていたことや第三者に聞いたことは秘密情報には含まれません。売り手と買い手が直接やりとりした情報だけが秘密情報に当たります。

ここで得た情報は、職業上、守秘義務があるとはいえ、M＆Aに関わる弁護士や会計士などには相談する必要がありますから、情報を話してもいい範囲についても定めます（第3条）。さらにここで得た情報はM＆Aという目的以外に使わないという目的外使用禁止の条文も定めます（第4条）。

この契約に違反して、相手方に損害を与えたら賠償するという条文（第10条）も定めますが、これは売り手のファイティングポーズくらいの意味でしかありません。というのも、このレベルで問題になって、補償を求めて裁判をし、勝つところまで持っていくのは、現実的には難しいからです。売り手の場合は、過度に守秘義務契約を信じないように情報管理をしておきましょう。

一方で、買い手として、秘密保持をしなくていいということではありません。秘密はしっかり守らないといけません。売り手が自分の会社の情報を外に出すのはセンシティブになるものだということはお話しした通りです。信用や信頼を損なうような、ぞんざいな情報の取り扱い方はしないようにしましょう。

意向表明書

意向表明書というのは、個人M&Aではあまり出てこないプロセスかもしれません。意向表明とは、会社を売ろうとしている売り手に対して、買い手が「こんな条件で買いたい」という意向を文書で表明するものです。

売り手は、何社かから意向表明を受けて、その中から具体的な交渉に入る会社を選びます。個人M&Aでは、意向表明書ではなく、会社を買いたいという思いを、売り手の社長さんに対して、口頭でプレゼンすることが多いと思います。そのプレゼンの参考になるように、意向表明書に書かれる項目を見ていきましょう。

意向表明書では、自分がどういう人間なのかを示さなければなりません。それが当社の概要（第1項）です。ここは、売り手の社長さんに「この人だったら、会社を引き継いでもきちんと経営してくれるな」と思わせるところです。

そして、なぜその会社に興味を持ったのかを示すのが本件の目的（第2項）です。M&Aは恋愛と同じで、どうして相手のことが好きなのかをきちんと言える人がモテます。みなさんとしては、ここで会社のどこが好きなのか示して、社長さんのハートを鷲掴《わしづか》みにしないといけないところです。プレゼンの大きなポイントになります。

私もここは力を入れるところで、「ウチだったらこんなことができます」「こんな事業を展開して、従業員も取引先のみなさんもハッピーになれます」といったことを書きます。

譲受希望株数（第3項）は、個人M＆Aでは100％と書くのが普通です。譲受希望価格（第4項）は、入札の場合は、幅を持たせて書くと下限を取られるので確定させたほうがいいでしょう。

希望価格の算出根拠（第5項）は、純資産や営業利益の数字などから論理的に説明するようにしましょう。売り手としては、根拠が薄い人よりも、根拠を持って説得的に値段を示した人を、当然、優先します。

価格変動要因（第6項）では、デューデリによって希望価格が変わる可能性について示します。デューデリのあとに、「問題が見つかったから下げてください」といきなり言うと、トラブルになりますので、この段階で、考えうるものについてはできるだけ示しておいたほうがいいでしょう。なるべく多めに書いておいたほうがいいですが、多すぎて、売り手の機嫌を損ねてもよくないので、売り手の性格や顔色を見ながら示すようにしましょう。

資金の調達方法（第7項）も、売り手の信頼を得る意味でポイントになるところです。これがすべて自己資金なら信頼されやすいでしょうし、逆に、資金調達がままならない人だと思われると、信頼してもらえません。

譲受後の経営方針（第8項）は、本件の目的（第2項）の延長線上で、引き継ぎ後の経営について具体的に示します。「自分が手塩に掛けてきた事業が、この人に任せると、こうなるのか」ということを、売り手に具体的にイメージさせることが大事です。

たとえば、「私ならIPO（新規株式公開）にまで持っていきます」という言葉を言われたら、売り手としては「オレの会社が上場企業になるのか」と思って、値段が少し安くても、この人に託したいと思うかもしれません。こうした、経営者の心に刺さる言葉やポイントを理解しながら、プレゼンをすることが大切です。

役職員の処遇（第9項）で、いまの経営陣をどうするのかを示し、このM&Aをどういうスケジュールで進めるか（第11項）についても示します。スケジュールは意外に重要なポイントで、私の場合は、細かな行程表を示して、売り手が、基本合意からクロージングまで、どういうスケジュールがあって、どう動いて、いつに何が決まるかがわかるようにしています。そこまで細かく示すことで、本気度を伝えることもできます。

さらに、M&Aというのはたいていいろいろな問題が出てきて、スケジュールが遅れがちになるので、行程表は順次更新するようにしています。相手側に不安を持たれないように、スケジュールが遅れる場合は理由を示して、きちんとプロセスが進んでいると相手側にわかるようにします。

ディールの進捗が不透明だと、売り手の虫の居所が悪くなって、「今月中でまとまらないなら、もうやめる」などということがよくあります。そういうところでディールを逃すことがないよう、売り手との信頼関係を維持するツールとして行程表を使っているわけです。

また売り手は、誰が意思決定者なのかを知りたがるので、意思決定のプロセスもきちんと示したほうがいいでしょう。どういうプロセスでいつ意思決定が行われ、最終判断は誰がするのかについて、売り手側がわかっていないと、「誰の話を信じればいいのか」「いつ決まるのか」と不安になるからです。

以上のような意向表明書の内容について、みなさんはオーナーさんの前で、口頭で説明することになります。ビジネスにおけるプレゼンと同じように、事前にしっかり準備をして、口頭でのプレゼンの練習もしてから、オーナーさんとの面談に臨んだほうがいいと思います。

基本合意契約書

基本合意契約書は、本格的デューデリジェンスなどのM&Aの実行フェーズに入ることを確認するための契約書です。

この合意書の目的（第1条）を示し、価格と株式譲渡や事業譲渡などのスキームを示します（第2条）。同時に、デューデリをした結果、価格が変更される可能性について列記します。この例では、「役員報酬や従業員の給与水準が低く、上げる必要性が出た場合」「予算の達成ができなかったり、追加で運転資本が必要になったりした場合」「未払賃金が明らかになったり、含み損や偶発債務が出たりした場合」などを示しています。いずれも後出しじゃんけんをしないために、ここで示しておくものです。先に示せるものは示しておくことが、売り手の信用を維持するための基本姿勢です。

交渉がまとまったら最終契約書を結ぶことを約束して（第3条）、その期限を記します（第4条）。期限を切ることは、売りの立場でも買いの立場でも大事になります。というのも、期限を切っておかないと、交渉がダラダラと長引くことになるからです。とくに交渉がうまく進まなくなったときに期限がないと、交渉を終えるきっかけがつかみづらくなります。期限を切っておけば、そこでもうやめようということになるのです。期限を決めておくことは非常に大事です。

また、デューデリをやりますということを示す（第5条）一方で、売り手の善管注意義務についても定めます（第6条）。善管注意義務とは、善良な管理者だったら、普通、このくらいは注意して行動するというもので、基本合意から最終合意契約までの間は、重要な資産を処分したり、買ったりするなど、現状を大きく変えることをせず、通常の経営をしてくださいという約束です。

従業員の処遇についても定めます（第7条）。従業員の処遇は、基本的には、雇用も給与も継続します。給与を上げることはあっても下げることはありません。

さらに、基本合意契約を解除する場合の条件（第8条）、契約書の有効期限（第9条）、独占交渉権や優先交渉権といわれる権利（第10条）について定めます。独占交渉権については、この例では「譲渡価格が大きく修正される場合はその限りではない」という一文が入っているので、「交渉の中で、譲渡価格が大きく修正される可能性を感じたため、ほかとの交渉に入った」と言われれば、そこに争点が生まれますから、事実上、独占交渉権は付与されていないと考えたほうがいいでしょう。つまり、この言葉によって骨抜きの条文になっているのです。独占交渉権をしっかりと取りたいのなら、「売り主はほかとは交渉しない」ことをしっかり書き込む必要があります。

そして秘密保持契約を改めて結んで（第11条）、費用について（第12条）定めます。以上が基本合意契約書の骨子になります。

最後に、基本合意契約書の法的拘束力について説明しておきましょう。基本合意契約書の説明で、基本合意契約書には、通常、法的拘束力を持たせないという話をしましたが、それを書いてあるのが、この例では、第9条第1項になります。この契約が失効しても、「買主及び売主は、相互に損害賠償責任を負わず一切の金銭等の請求を行わないものとする」と書いてあります。この条文によって、売り手も買い手もこの契約に縛られないこと、法的拘束力がないことを確認しています。この条文を入れることで、この基本合意の段階では、まだ買うと決まったわけではなく、ディールをまとめるためには、売り手と買い手の双方の努力が求められることになるわけです。

株式譲渡契約書

では、ディールの最後の契約書となる株式譲渡契約書を見ていきましょう。株式譲渡契約書は、基本合意契約書の精度をさらに上げて、契約条件を確定させるものです。どんな内容になるのか、巻末の株式譲渡契約書の例に則《のっと》って説明していきます。

主文で売り手と買い手の双方の当事者が示され、第1・1条でいつ株式の譲渡がなされるかが定められます。第1・2条では買収金額と振込先が明示され、第1・3条でクロージングの期日と場所と手続きの内容が示されています。

クロージングの手続きは、通常、銀行など送金しやすい場所で行われることが多いです。契約書に捺印し、続けて、送金の作業を行い、売り手と買い手の双方が着金を確認して、クロージング手続きの完了になります。

第2・1条と第2・2条は、買主と売主にそれぞれ買ったり売ったりする権利があることを確認する条文で、第3条は表明保証の条文になります。第3・1条は売主による表明保証で、（1）売主に権利能力があること、（2）この契約に法的拘束力があること、（3）この契約が法律に違反していないこと、（4）株式を適切に保有していること、（5）会社が適法に存在していることを表明保証しています。とくに（4）は重要です。株式は登記されているものではありませんから、誰が持っているかで揉めることがあります。ここは法務デューデリでも確認する部分ですが、蓋《ふた》を開けたら、株式を遠い親戚が持っていたということがありうるので、最後の契約書でも「大丈夫ですね」と表明保証を取っておくわけです。

第3・2条は買主の表明保証なので、それほど重要ではありません。

第4・1条は善管注意義務の条文で、クロージングまで会社の経営で大きな変化はさせず、通常通りの経営を続けてくださいというものです。契約の捺印と送金のタイミングがずれるようなシーンを想定しています。

第5・1条は売主の補償についての条文で、表明保証違反があった場合はどのくらいの金額の補償をするかを定めています。ただここで、補償金額を定めるとはいえ、お金はなければ払えないので、買い手としては、回収できない可能性も想定に入れておかなくてはなりません。

将来発生するかもしれないリスクについて、議論がうまくまとまらなければ、エスクローという方法が打開策になります。エスクローは売り手と買い手の双方にメリットがあります。こういうオプションを複数持っているほうが契約は進めやすくなるでしょう。

第6・1条で契約の終了、第6・2条で契約の解除について定めて、第7・1条で費用負担、第7・2条で秘密保持義務について定めます。

株式譲渡契約書の重要なポイントはだいたいこんなところですが、実は、捺印のページのあとについている別紙も重要になります。みなさんが扱う案件で、別紙までつける案件はあまりないかもしれませんが、別紙がついている意味を理解しておきましょう。別紙に書かれている内容は、買い手にとって、売り手側に保証してほしい項目だからです。

別紙には、売り手が表明保証する項目がズラーっと列記されています。

わかりやすい例では、4では未払いの賃金、時間外手当、社会保険料など労働契約に関する重大な債務はないこと、5では会社の土地や建物に有害物質による重大な汚染はないことを表明保証しています。

5の重大な汚染がないということは、別に調査をして証明されたわけではありません。売り手としてはそんな調査にお金をかけたくないし、買い手としても土地を売る予定はなく、土地の汚染のリスクが顕在化する可能性は少ないと考えているのですが、念のため、ここで表明保証してもらって、この論点は終わりとすることに双方が合意したわけです。

17は買い手側がもらっているBSの日付以降に、経営や財務内容に変化はないことの表明保証です。デューデリやこうした手続きの間にも数カ月単位の時間がたち、その間、BSの数字が変わることがありうるので、300万円を目安にして、それ以上の変化がないことを表明保証しているのです。みなさんの扱う案件では金額が下がって100万円くらいになるかもしれません。

ほかの細かいところについても、一応、目を通してもらって、別紙ではこういうことについて、いわば踏み絵を踏んでもらうものだと理解しておいてください。

Q&A 質問に答えます

コンフォタブルなゾーンで生きていこう

Q 好きなことを、得意な業界、得意な地域でやろうとおっしゃっていましたが、好きなことが得意な業界や地域とマッチしないこともあると思います。好きなことはどこまでマストでしょうか。

A 別にマストではありません。M&Aや経営をしたことがない人は、まずは得意な業界や分野の会社を選んだほうがいいです。そのほうが失敗の確率を減らせるからです。

経営は結婚とは違って、複数の会社を同時に持つことが可能です。それなりに安定しているところを買えれば、経営に慣れるのも早いでしょう。自分のやり方が軌道に乗れば、会社の経営に自分の時間を使う必要がなくなっていきます。その空いた時間で、好きな会社、やりたい会社を探して、次にそうした会社やビジネスを買収し、徐々にそちらへシフトしていけばいいと思います。

資本家や経営者は時間を自分でコントロールできます。毎日、会社に行く必要はないし、ゴルフをしながら稟議書《りんぎしょ》に目を通して承認することも可能です。私は自分が快適と思う働き方で生きること、つまり、コンフォタブルなゾーンで生きていくのがいいと考えています。会社を買うという選択はそれを可能にするものなので、みなさんにおすすめしているのです。

最初は練習として失敗しない会社を選ぶのも手ですが、それはいずれ、好きなことや、やりたいことを見つけるためのものです。自分がコンフォタブルなゾーンで生きるために会社を買う人生を選んだということを忘れずに、前に進んでほしいと思います。

Q 個人保証を外せないときは

会社を買うときが個人保証を外す最大のチャンスということでしたが、個人保証が外せない場合もあるのでしょうか。外せない場合はどういう理由でしょうか。

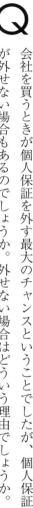

A 会社に信用がないと、個人保証を外すのは難しいかもしれません。銀行として、その会社に貸すのは怖いと考えていれば、個人保証は外れません。

個人保証を外してもらおうと10行くらい銀行を回っても、どの銀行も個人保証なしでは貸してくれないということでしたら、その会社には信用がないのです。その会社を買うことは再検討したほうがいいかもしれません。

この大廃業時代に100万もの会社が事業を引き継いでくれる後継者を探しているのですから、個人保証をどうしても求められるような信用力のない会社をわざわざ買う必要はありません。

ただ実際には、個人保証を外せないことは少なからずあると思います。その場合は、それでも自分はその会社を買いたいのかを考えましょう。個人保証があっても、それほど問題はないケースもあります。

もちろん、個人保証は外せるなら外したほうがいいですし、実際に外せたというケースはあります。会社を買う場合には、個人保証がついていることを当然と思わず、外すためのチャレンジをしましょう。

全国銀行協会が作成する「経営者保証に関するガイドライン」では「後継者・旧経営者から必要な情報開示を受けた上で、旧経営者の保証債務を当然に後継者に引き継がせず、経営者保証を求めない可能性や代替的な融資手法の活用可能性を改めて検討」としています。また、日本商工会議所が作成している事業承継時に焦点を当てた「経営者保証に関するガイドライン」の特則の中では「後継者に対し経営者保証を求めることは事業承継の阻害要因になり得ることから、後継者に当然に保証を引き継がせるのではなく、必要な情報開示を得た上で、保証契約の必要性を改めて検討するとともに、事業承継に与える影響も十分考慮し、慎重に判断することが求められる」と記されています。つまり、時代は個人保証を取ってはいけないという流れにあることをわかった上で動いてほしいと思います。

どんな簿外債務があるか

Q 個人M&Aにおける簿外債務の実例を教えてください。

A 簿外債務で一番多いのは未払い賃金です。未払い賃金を請求された場合、法的に支払う義務があるのは2年間なので、未払い賃金がひとりにつき月5万円だとすると2年分で120万円になり、従業員100人分だと1億2000万円になります。そこまでいくとかなり大きな出費です。

しかし、みなさんが対象とする会社は従業員が数人程度の会社でしょう。未払い賃金があって、従業員が労働基準監督署に申し立て、それが認められたとしても、せいぜい総額で100万円程度だと思います。

何よりも、経営者と従業員の間で、未払い賃金で揉めるような火種を抱えた会社を買う必要はありません。従業員にその種の不満が溜《た》まっていないか、経営陣ときちんとコミュニケーションができているかどうかは、買うときに、会社を見たり従業員と話をしたりすればわかるはずです。

簿外債務では、ほかに、オーナーが知らないところで連帯保証をしていたという簿外債務があります。それも簿外債務の一種です。

こうした簿外債務が出てこないとは言えませんが、売り手のオーナーとしっかりコミュニケーションをすれば、本文でも書いた通り、個人M&Aでは簿外債務は過剰に恐れる必要はないと思います。

「やりたいことをやる」が軸

Q 会社はブランディングが大事だと思いますが、自分のファンドを立ち上げたときの三戸さんの思いをもっと掘り下げて教えてください。

A 会社のブランディングはたしかに大事ですが、きれいごとだけでもダメだと思います。私がファンドを立ち上げたときは、地方をよくしたいとか、日本の経済の背骨である中小企業をなんとかしたいという理念的な部分と、EBITDAマルチプル4倍くらいで買えば儲かるなあというビジネスの部分の両方をうまくリンクさせながら、プレゼンや資料で表現しようと思っていました。

きれいごとだけでは金を稼げませんし、守銭奴と思われていては人も情報も集まってきません。このふたつはどっちが主ということではなく両方が必要です。このふたつをうまくリンクさせながら、さらには「自分のやりたいことをやる」「面白いことをしたい」という思いが軸にありました。「面白い」と思ってやっている人のところには、人も案件も集まってきます。そういう軸を持ちながら、理念とビジネスの両方を考えることで、会社のネーミングやロゴを含めたプレゼン資料が生まれてきたという感じです。

土地の土壌汚染はデューデリで調べるべきか

Q トランビなどを見ていると、工場が売りに出されていることがありますが、中小企業のM&Aの場合、工場が立っている土地に土壌汚染がないかどうかは、デューデリで調べたほうがいいでしょうか。

A 土壌汚染を調べる環境デューデリには、それ自体にコストがかかります。さらに土壌改良が必要となれば、土地を掘り返してきれいな土で埋め直すわけですから、かなり大きなコストがかかります。

そうしたコストをかけてまでデューデリや土地改良をする必要があるかどうかはケース・バイ・ケースで考えるしかありません。

私は未稼働の土地がある会社を、その土地を売却する予定で買い、実際にその土地を隣の会社に買ってもらったことがあります。その土地については、すでに隣の会社が買ってくれることがわかっており、なおかつ、用途もわかっていたので、買うときも売るときも環境デューデリはしませんでした。そして売るときの契約では、将来、その土地に何か問題が出てきてもこちらは関与しないと、完全免責の形にして売りました。

この土地の場合は、私も買い手も土壌汚染を問題としませんでした。あえてコストをかけてデューデリをする必要はなかったということです。一方で、買い手のビジネスや使い方によっては、土壌汚染が問題となる場合もあります。

ですから、みなさんとしては、買収対象の土地をどう使うのか、将来的に土壌汚染が問題になることがあるのかなど、コストとリスクを含めて、ケース・バイ・ケースで考えるしかないと思います。
土壌汚染は地下水が関係していることが多いので、意外な場所で判明することがあります。同じ工業団地でほかの土地が大丈夫だからといっても、こっちも大丈夫ということはないのです。また、所有する土地に土壌汚染が判明した場合は、それを国に報告する義務があります。売り手としては、デューデリで土地を調査されて汚染が判明したので買ってもらえないとなった上に、国にも報告しないといけないとなると、デメリットしかありません。ですから売り手としては、土地を調査すること自体したくないのが本音なのです。

デューデリの優先順位は？

Q ビジネスデューデリでは確認事項がたくさんありますが、早く決断するよう迫られて時間がない場合、何を優先して確認すればいいのでしょうか。

A ビジネスデューデリで説明したことはすべて重要なことなので、優先順位はつけられません。ひと通りは売り手からヒアリングすることをおすすめします。
まとめて説明されると、たくさんあるように思うかもしれませんが、会社を立ち上げるときは、当たり前に行う作業です。ヒアリングすることすらしんどいと思う項目を、ひとつひとつゼロから作り上げなければなりません。人を雇って研究開発させ、特許申請をし、商品化する。材料の仕入先を探して仕入れをし、売り先を見つけて販売するということをすべてやった上で、さらにそれらを継続させてきたのです。それがゼロイチで起業した創業経営者です。

会社を買う場合には、オーナーがゼロから作り上げたものがすべて揃っている状態で買うわけです。ですから、その会社の買い手としては、これらの確認事項についてヒアリングして資料に当たるくらいは、自分でやらないとダメだと思います。

アプローチの形は決めつけない

Q 買う前に会社に役員として入ったり、買ってからしばらくは、元のオーナーも一緒に働いたりするケースは、小さなM&Aではよくあることでしょうか。

A 多いか少ないかはわかりませんが、そういうやり方を選択肢のひとつと考えて動くことが大事だと思います。

もし、買う前に「会社に入って会社の中を見てみたい」「オーナーと一緒にやったほうがよさそうだ」と思うなら、そういう方向でオーナー側と交渉してみましょう。それが可能かどうかは、会社の状況、オーナーの考え方やオーナーとの人間関係などによります。個別案件ごとに事情や環境は変わるので、形を決めつけず、いろいろな形を模索しながらアプローチしていってください。

株は100％買おう

Q 個人M&Aでは、株式の過半数だけを買い取ったり、最初は一部だけ買って、何年後かに残りを買い取るというオプションをつけたりするケースはありますか。

A 個人M&Aで会社を買うときは株式を100％買うことを前提としたほうがいいです。

どんなに愛し合っている二人でも、どんなに仲のよい幼なじみでも、ビジネスをしていれば、お金の問題で絶対に揉めごとが起きます。揉めたときに、株式を100％持っていれば問題にはなりませんが、そうでなければ収拾がつかないことになります。

会社法では、株式を何割持つかで権限が変わりますが、それは大企業の話で、中小企業では会社法の枠を超えて、株式を持っていれば口を出す可能性があります。大企業のように、ルール通りには縛れないからです。よって、できるなら口を出す余地を与えないことが大切なのです。

株式の割合は会社を売却する際も問題になります。ベンチャー企業では、友達に株式の一部を渡して一緒に経営するというケースも珍しくありませんが、いざ会社を売ろうとしたときに、それが障害になることがあります。

M&Aは、買い手のビジネスに、新しい会社（事業）を組み込むという流れの中で行われます。買い手が買うという判断をしたときに、友達が迅速に承認しないことで買収の時期が遅れれば、買い手は待ってくれません。その売却話は流れてしまう可能性が生まれます。

これを防ぐために、株主間契約を結んで、売却の際などの条件を定めておく方法がありますが、これも所詮、契約でしかなく、本人が売らないと言い張れば、交渉は進まなくなるので、実効性は欠けます。

買い手としては、株式の所有がどうなっているかについて、念には念を入れて確認しましょう。売り手がいくら売りたいと言っても、一部の株を10年以上会っていない親族が持っていて、その意向がわからないということであれば、そこをクリアしてからデューデリに入らないと、時間がムダになることがあります。

買収資金が足りないので、一部しか買えないというのであれば仕方ありませんが、株式は１００％持つことが基本と考えてください。

デューデリに詳しい専門家はどこにいる？

Q 法務や財務のデューデリの専門家にはどうアプローチをすればいいでしょうか。

A 専門家へのアプローチ方法は、基本的に、取引先を増やす営業と同じです。ネットや知り合いの伝手などを使って探して、アポを取り、実際に会ってコミュニケーションを取りながら、自分に合う人を探しましょう。

できればＭ＆Ａやデューデリに詳しい人、それらを扱った経験がある人がいいと思います。経験があって詳しい人なら、デューデリで判明したリスクに対して、それがどのくらい問題なのか、その重要度がわかります。「このレベルの問題なら過去に10社あったが、顕在化したのは1社」というような感覚値を教えてくれます。

ですが、デューデリに詳しい専門家に出会うのは簡単ではありません。

国内で行われるＭ＆Ａは年間３０００～４０００件です。ひとりの専門家は２～３件担当するでしょうから、Ｍ＆Ａに実際に関わっている専門家は国内に１０００～２０００人くらいでしょう。国内の弁護士は３・８万人、税理士は７・８万人ですから、単純に計算すると、国内の弁護士と税理士の１～２％しかＭ＆Ａに携わっていないことになります。つまり、M&Aに詳しい弁護士や税理士を探すのには、その1~2%の人を探す必要があるということです。営業と同じように、足で稼ぐしかありませんね。

データは自分で確認しよう

Q 会社をデューデリするのは大変そうだと思いましたが、不動産屋さんが土地や家の情報をまとめて教えてくれるように、仲介会社は会社の情報をまとめて教えてくれないのでしょうか。

A 仲介やFAは案件を紹介するのが仕事です。持っている案件の会社については、調査をして情報をまとめていますから、それを教えてもらうことはできます。

ただ、彼らの情報をすべて鵜呑《うの》みにしないほうがいいでしょう。仲介やFAというのは、紹介をすることが仕事であって、情報に責任は持ちません。ですので、彼らが持っている情報やデータは参考程度に捉えて、自分できちんと確認することが必要です。

大企業のM&Aをやっている仲介やFAでしたら、それなりに信頼できますが、彼らはその代わりに何億円もの手数料を取っています。みなさんがお付き合いするような仲介やFAは、基本的にマッチングをするだけなので、過剰な期待はしないほうがいいでしょう。

実はこれは、弁護士、税理士などの専門家でも同じことです。彼らはそれぞれの担当のところはしっかりと見てくれて、デューデリをお願いすれば、仲介やFAより信頼度の高い情報やデータを出してくれますが、それらもすべて鵜呑みにしないほうがいいと考えてください。

彼らは専門家とはいえ、当事者ではありません。これも言い方は悪いですが、彼らは情報に責任を持つことはありませんし、責任を取れるはずもありません。情報やデータについては、当事者であるみなさん自身で見て、判断するようにしましょう。

競業避止義務違反を防ぐために

Q 会社を買ったあと、元オーナーが同じビジネスを始めることがあると思いますが、それをさせないためには、どんな対策がありますか。

A M&Aの契約書には、たいていは競業避止義務といって、元オーナーは、一定期間、その地域で同じビジネスをしないという条文を入れます。ただし、これも契約にすぎませんから、相手側が守らなければ意味はありません。

もし元オーナーが競業避止義務違反をしてきたら、交渉や裁判をすることになりますが、ここで問題になるのが、根拠を持って、損害額を示すのが難しいということです。

たとえば港区でアパレルの小売業の会社を買い、元オーナーが同じ港区でアパレルの小売業を始めたとしても、元オーナーの店のせいで自分の会社がどのくらい損害を受けたかを裁判官が納得するように示すのは非常に困難です。

あくまでも私の考えですが、競業避止義務違反で裁判所に訴えても、損害額が満額認められることはほぼないでしょう。せいぜい認められても、訴えの1~2割だと思います。

対策としては、会社を買う前に、ビジネスやオーナーのことをきちんと見ておくしかありません。そもそも、そのビジネスはすぐに再開できるものなのかという点はしっかり確認しておく必要があります。たとえば製造業なら、また工場を建てて従業員を雇ってビジネスを再開させるのは難しいですが、人材派遣業なら、身ひとつで創業でき、ネットワークもあるので、すぐビジネスを再開できます。

競業避止義務については、北風のように縛りつけても、相手が守ってくれなければ意味はないので、インセンティブを与えるという太陽的な策が必要になると思います。元オーナーに顧問として会社に残ってもらうのも対策のひとつです。契約では、キーマン条項でオーナーが会社に残らないと会社を買わないという条件を入れたり、株式譲渡代金を分割で支払うような形となるロックアップ期間を入れたりする方法があります。

ただし、会社を買って、自分のやり方でバリューアップさせたいときは、元のオーナーがいないほうがやりやすかったりもします。元のオーナーがいると、どうしても先輩と後輩のような上下関係になってしまいますし、従業員が二頭体制のように感じてしまうと、組織をまとめる上でも障害になります。

競業避止義務違反を防ぐために、元オーナーにどういう形で会社に関わってもらうかは、元オーナーの性格やビジネスの種類によって変わってきます。まず自分がマネジメントすることをベースに考え、競業避止義務違反の防止のためや、経営で足りない部分を埋めるために、元のオーナーが必要なら残ってもらえばいいでしょう。元オーナーに会社から離れてもらう場合は、競業避止義務違反が発生しないよう、元オーナーとの関係を良好に保つことも大切になります。

従業員も口説き落とす

Q 事業譲渡の場合、事業に携わっていた従業員は、元の会社を退職して、新しい会社で雇用する形になるのでしょうか。事業譲渡契約書には、移ってもらう従業員を特定して書き込むことになるのでしょうか。

A 従業員は元の会社に退職願を出して、新しい会社と新たに雇用契約を結ぶのが基本になります。事業譲渡契約書には、特定の人を明示することもありますし、キーマンが来ないと事業譲渡を実行しないという条文を盛り込むこともあります。

しかし、前提として職業選択の自由があるので、契約があるからといって、従業員を拘束することはできません。契約書には「従業員を強制するものではない」という一文は必ず入ります。

従業員が移ってくれるかどうかは、買い手側の能力に関わってきます。ガチガチに縛っても、来ない人は来ません。説明会や面接で、自分はどういう人間で、どういう気持ちでこの事業をやりたいかを丁寧に話して、従業員に新しい会社に移ってもらえるよう、ひとりひとり口説き落としていくことが大事になります。肌感覚では、オーナーチェンジとなれば、1割くらいの従業員が移動してくれない（辞めてしまう）というイメージです。もちろん、業種や事業サイズなどにもよります。

レピュテーションリスクへの対応

Q 事業譲渡をして、旧会社時代の商品に問題が起きて裁判になった場合についてです。もし、旧オーナーが亡くなるなどして訴える相手がいなくなったら、その顧客に対して、現オーナーはどう関わるべきでしょうか。

A どういう顧客で、いつ頃の取引で、旧会社にはどのくらい瑕疵があるかなどを見ながら、今後の事業、会社の評判、顧客満足度のために対応すべきか否かを判断することになります。相手が大口取引先だったら対応する、小口の取引だったら切り捨てるといったことではなく、経営者として、ケースごとそれぞれで対応が必要かどうかを判断するしかないと思います。

マルチプルアービトラージについて

Q M&AではEBITDAで1億円が閾値になるとおっしゃっていましたが、EBITDAが1億円を超えない会社をマルチプル3倍で買って、バリューアップして1億円を超える会社にしてから、マルチプル5倍で売るというような戦略的なM&Aは行われているのでしょうか。

A マルチプルの格差を利用して儲ける手法をマルチプルアービトラージといいます。1億円の閾値を意識してM&Aをするのは当たり前の話で、マルチプルアービトラージをひとつの戦略としてM&Aをやっているファンドもあるくらいです。

本文でも述べた通り、未上場の会社を買って、上場させてから売る手法もマルチプルアービトラージのひとつになります。上場によって流動性が一気に上がり、企業の継続性の信頼度が増しますから、数倍以上の価値に上がります。

ただ、いまでこそEBITDAで1億円が閾値になっていますが、5年後や10年後にもっと市場が大きくなって、プレイヤーも増えてくれば、この状況が変化する可能性もあると思います。もちろんEBITDAが大きいほうが、会社の継続性や安定性という意味で評価されるのは変わらないでしょうが、EBITDAで1億円が閾値でアービトラージが生まれるというのは、いまだけかもしれません。

リスク資産をどのくらい許容できるか

Q 会社の買収資金は、どの程度、自己資金で用意すべきでしょうか。

A 買収資金にローンを組み合わせることをLBOといいましたが、LBOに対する自己資金の割合は、買収総額に対して30%以上が一定の目安です。みなさんが買おうとしている会社は、そこまで融資がつかないかもしれませんので、自己資金50％以上とか、少しだけ融資で賄うことができるという印象でしょう。また、自己資金というリスク資産をどの程度許容できるかは、人それぞれの考え方、持っている資産、生活スタイルなど、さまざまなファクターで変わってきます。

私だったら持っているお金を全額突っ込んでも気になりませんが、ほとんどの人は生活資金が必要ですし、自由にできるお金も違います。

注意したほうがいいのは、会社を買うための買収資金だけあればいいわけではないということです。会社を買ったあとに経営状態が悪くなれば、追加の資金が必要になることもあります。そこで資金が足りなくなれば、いきなり倒産ということもありえます。その追加の資金や自分の生活のことも合わせて考えて、リスク資産をどの程度許容できるのか、各自で判断をしてM＆Aに臨みましょう。

安定した会社はいくらする？

Q 本の題名は３００万円で会社を買うということでしたが、潰れない安定した会社を買うには、実際はどのくらいの値段の会社を狙えばいいでしょうか。

A ３００万円という数字はサラリーマンでも会社を買えるんだということを伝えるためにつけたもので、それ以上の意味はありません。ただ、３００万円の会社であっても、よい会社はあります。よい技術を持っているのに、負債が大きいために安くなっている会社もあります。値段でよい悪いは一概には決まらないのです。だから、いろいろな会社に当たったほうがいいと思います。

もちろん、金額が高いほうがよい会社である確率は高くなりますし、安ければその確率は下がります。

失敗しないために一番大切なこと

Q これまで見てきた個人M&Aの中で、一番の失敗の原因はなんでしょうか。

A 失敗の一番の原因は資金繰りでしょう。資金繰りをしっかり読めていないと、失敗する確率は高くなります。資金繰りはどんな会社でも大事ですが、中小企業ではとくにそうです。資金繰りを読み違えないよう、買収前に運転資本を確認して、経営が回るための事業計画をきちんと作っておきましょう。

とくに事業譲渡では、資金繰りの読み違いが起きやすいので注意しましょう。

株式譲渡の場合は、長い間、資金繰りが回っている状態の会社をそのまま買い取るので、よほどのことがない限り、資金繰りがおかしくなることはありません。

しかし、事業譲渡は対象の事業だけを買い取るので、事業に付随していた運転資本はついてきません。事業に必要なお金は自分で用意する必要があり、資金繰りを読み違えると、その後の経営に大きく響いてきます。

うまくいく秘訣

Q 個人M&Aがうまくいく秘訣《ひけつ》や成功した人の共通点はありますか。

A それはひと言「Just Do It」に尽きます。とにかくアクションを起こすことです。ソーシングも資金調達も、動いていけば何かが見えてきますし、積み重ねていけば相乗効果も生まれてきます。「難しそうだな」「お金は足りるかな」などと考えるだけでなく、とにかくやってみましょう。案件の交渉を進めて、最後にお金がどうしても用意できなかったなら、やめればいいだけです。そこで買えなくても、そこまでやった経験は残ります。

　動かない人からは何も生まれません。動かない人に限って「そんなことができるはずがない」といった否定的なコメントをします。そういう人には近寄らないようにしましょう。私はサロンでも「本気で会社を買いたいと思わない人はサロンにいてほしくない」と常に言っています。

　ですから、秘訣は「Just Do It」です。サロンで会社を買った人は、とにかく動いた人です。とにかくやってみましょう。本当にリスクを取りにいくのかどうかは、最後の最後で判断すればいいのです。

おわりに

さて、私たちの「小さな会社を買う」ことを目指した旅も、ようやく終わりまで辿り着きました。いかがだったでしょうか。

自分でも会社を買えるというイメージが湧いたでしょうか。

みなさんが会社を買おうとするときは、やはりソフトの部分が重要です。知識よりも、売り手のオーナーさんとの信頼関係や、長年のつき合いというものが意味をなします。だからといって、この本の知識がムダになると言っているのではありません。

知識は、会社を選ぶとき、交渉するとき、契約書を作るときなど、いろいろな場面で効いてきます。みなさんのM&Aで、もっとも重要なのは売り手との信頼関係ですが、それを補完するものとして、この知識は役に立つのです。

逆に言えば、この本の知識を振りかざすようなことをすれば、現場では信頼が得られなくなります。

また、知識を得たからといって考えてばかりいると、リスクばかりが見えてきて、動けなくなり、買えるものも買えなくなってしまいます。

リスクを理解することは大事ですが、リスクばかり見ていてはダメなのです。何度も言ったように、大事なのは「Just Do It」の精神です。とにかくやってみること。これをもう一度、強調しておきたいと思います。

最後に、この本作りに協力してくれた「サラリーマンが300万円で小さな会社を買うサロン」のメンバーたちにお礼を言いたいと思います。室下敏さん、山下悟郎さん、南部竜二さん、武田太郎さん、九里道子さん、飯島寛さん、田中豪さん、脇大輔さん、原口正太郎さん、岩崎純一さん、山本健太さん、小尾豪さん、安井仁さん、池田雅紀さん、押田直樹さん、山口勝さん、齋藤靖人さん、宮崎翼さん（NoCodeCamp代表）、後藤恭彰さん、川上和彦さん、北田諭史さん、吉岡二郎さん、松本勇毅さん、太田匠哉さん、亀田年保さん、尾花宏平さん、福居一彦さん、さいとう健一郎さん、古川信行さん、吉塚二朗さん、手島武志さん、袴田久美子さん、柴田信弘さん、田島一人さん、増渕直季さん、岡田正春さん、田中幹大さん、本田健太郎さん、宮田亘造さん、松田光子さん、阿部和寿さん、高柳亮さん、小嶋淳吾さん、林紘一郎さん、出井陽盛さん、澤栗俊光さん、山下公彦さん、宗政信さん、佐藤智彦さん、寺﨑大剛さん、慶上伸行さん、立岡和彦さん、中村卓也さん、新井邦弘さん、安田史朗さん、東田拓也さん、仲尾正人さん、西村匡弘さん、栫正人さん、吉永陽介さん、大平晃士さん、高橋北斗さん、大石優和さん、福居一彦さん、鹿島廉太郎さん、的場陽平さん、その他メンバーのみなさんが共有してくれた経験や意見、コメントのおかげで、この本の内容に厚みが増したと思っています。

サロンのメンバーはもちろん、この本を読んでくださった方々が、この本を片手に会社を買い、新たな人生のステージに立てる日が来ることを心から願っています。

三戸政和

2020年5月

付属資料

1. 情報受領者は情報開示者から開示された秘密情報および秘密情報が記載または記録された媒体を厳重に保管・管理し、事前に情報開示者の書面による承諾を得ることなく、第三者に開示しまたは漏洩しないものとする。ただし、本件目的のために必要な範囲において、情報受領者の役員もしくは従業員または本件業務に関して情報受領者が依頼する弁護士、公認会計士、税理士その他のアドバイザー（以下総称して「役員等」という。）に対して秘密情報を開示できるものとする。この場合、役員等が法律上守秘義務を負う者でないときは、情報受領者は本契約に定める秘密保持義務と同等の秘密保持義務を役員等に課して、その義務を遵守させるものとし、当該役員等においてその義務違反があった場合には、情報受領者が直接責任を負うものとする。

2. 情報受領者は秘密情報および秘密情報が記載または記録された媒体を紛失した場合および前項の義務違反があった場合には、直ちに情報開示者に対し連絡するものとする。

3. 情報受領者は本件目的に関連して必要な場合以外に、秘密情報が記載または記録された媒体について、複製、複写、翻案、翻訳等の行為をしてはならない。

4. 第1項の規定にかかわらず、情報受領者は、法令または裁判所、監督官庁その他情報受領者を規制する権限を有する公的機関の裁判、規則もしくは命令に従い必要な範囲において秘密情報を公表しまたは開示することができる。

第4条（目的外使用禁止）

情報受領者は、情報開示者から開示された秘密情報を本件目的のためにのみ使用するものとし、事前に情報開示者の書面による承諾を得ることなく他のいかなる目的にも使用しないものとする。

第5条（本契約終了時の取扱い）

情報受領者は、本契約終了後、自らの費用負担で、情報開示者の要請により提供された秘密情報およびその複製物を返却、または情報開示者の指示に従い廃棄するものとする。

第6条（知的財産権等）

情報受領者は、本契約に基づき情報開示者の秘密情報に関しいかなる知的財産権またはその実施権も取得するものではない。

第7条（他契約との関係）

本契約は、秘密情報の取扱いについて、甲乙間の書面による合意の上、本契約とは異なる条件を個別に定めることを何ら妨げるものではない。

秘 蜜 保 持 契 約 書

株式会社〇〇（以下、「甲」という。）と株式会社〇〇（以下、「乙」という。）は、甲と、乙が甲に対して提案する企業との株式譲渡・株式譲受を含む資本提携、株式交換、企業合併、事業譲受・事業譲渡、事業提携等に関連する業務（以下「本件業務」という。）を目的（以下「本件目的」という。）として、相互に開示する情報に関する当事者の秘密保持義務について、以下のとおり契約する（以下「本契約」という。）。

第1条（本契約の目的）

本契約は、甲から乙へ、または乙から甲へ開示され、またはそれぞれが自ら知り得た相手方の保有する技術上および営業上の情報の取扱いについて定めるものとする。

第2条（秘密情報の定義）

1. 本契約において秘密情報とは、書面、口頭、電磁的記録その他方法および媒体を問わず、本件業務に関して、情報受領者に開示された、情報開示者の営業上、技術上その他業務上の一切の情報（たとえば、情報開示者が開示を欲しないと推認される情報や開示によって情報開示者が不利益を被る情報を含むが、これに限られない）をいう。

2. 前項の規定にかかわらず、次の各号の一いずれかに該当することを情報受領者が証明することのできる情報は秘密情報には含まれないものとする。

(1) 開示の時点で既に公知の情報、またはその後開示を受けた情報受領者の責によらずして公知となった情報。

(2) 情報受領者が第三者から秘密保持義務を負うことなく正当に入手した情報。

(3) 開示の時点で既に情報受領者が所有している情報。ただし、甲乙間にて既に締結された契約により秘密保持または目的外使用禁止義務を負っている情報については、当該契約の定めに従うものとする。

3. 前項の第三者とは、情報受領者が指定し情報開示者が同意した者（以下「同意者等」という。）以外の者をいう。

第3条（守秘義務）

（エ）風説を流布し、偽計を用いる、または威力を用いて相手方の信用を毀損する行為、または相手方の業務を妨害する行為

（オ）その他上記行為に準ずる行為

2. 甲および乙は、相手方が前項に違反した場合には、通知または催告等の何らの手続を要しないで直ちに本契約を解除することができる。

3. 甲および乙は、前項により本契約を解除した場合、相手方に損害が生じてもその賠償責任を負わないものとする。

第12条（裁判管轄）

本契約に関する一切の訴訟は、東京地方裁判所を第一審の専属的合意管轄裁判所とする。

第13条（協議事項）

本契約に定めのない事項、本契約の規定に関する疑義、および本契約の変更については、甲乙協議の上、誠意をもってこれを決定する。

以上、本契約締結の証として本書2通を作成し、甲乙記名押印の上各1通を保有する。

令和〇年〇月〇日

甲

株式会社

乙

株式会社

代表取締役

第 8 条（開示義務の否認）

本契約のいかなる条項も、甲および乙に対し、情報開示義務を課すものと解釈されてはならない。

第 9 条（有効期限）

1. 本契約の有効期間は、本契約締結日から 1 年間とする。

2. 前項の規定にかかわらず、第 2 条から第 7 条までの規定は、本契約終了後も有効に存続するものとする。

3. 甲または乙より相手方に対して契約満了前 1 箇月前迄に本契約日の更新を拒絶する意思表示がなされない限り本契約は更に 1 年間更新するものとし、以後も、この例による。

第 10 条（損害賠償）

甲または乙は、本契約に違反し、もしくは自らの責に帰すべき事由に起因して相手方に損害を与えた場合は、その損害を賠償する。

第 11 条（反社会的勢力の排除）

1. 甲および乙は、相互に、現在および将来において、以下のとおりであることを表明し、これらを保証する。

(1) 自らまたは自らの役員が、暴力団、暴力団員、暴力団員でなくなった時から 5 年を経過しない者、暴力団準構成員、暴力団関係企業、総会屋、社会運動等標ぼうゴロまたは特殊知能暴力集団等その他これらに準じる者（以下総称して「暴力団員等」という。）ではないこと。

(2) 暴力団員等が経営を支配または実質的に関与していると認められる関係を有しないこと。

(3) 自らもしくは第三者の不正の利益を図る目的または第三者に損害を加える目的をもってする暴力団員等を利用していると認められる関係を有しないこと。

(4) 暴力団員等に対して資金等を提供し、または便宜を供与するなどに関与していると認められる関係を有しないこと。

(5) 自らの役員または自ら経営に実質的に関与している者が暴力団員と社会的に非難されるべき関係を有しないこと。

(6) 自らまたは第三者を利用して次の行為を行わないこと。

（ア）暴力的な要求行為

（イ）法的な責任を超えた不当な要求行為

（ウ）取引に関して、詐欺的手法を用いる、あるいは脅迫的な言動を行う、または暴力を用いる行為

5.　株式譲受希望価格の算出根拠

株式譲受希望価額を算出した根拠をご記入ください。

6.　想定されるDD後の価格変動要因

今後実施されるDDの結果、本意向表明における価格を変動する可能性がある場合において、想定される変動要因をご記載ください。

7.　譲受代金の調達方法

譲受代金の調達方法およびその見込みについてご記入ください。

8.　譲受後の経営方針

譲渡対象株式を譲受後の対象会社の経営方針についてご記入ください。

9.　役職員の処遇

本件実施後の対象会社の役職員の雇用に関する貴社のお考えをご記入ください。

10.　譲受けに際しての前提条件の有無、その内容の詳細

本件実施に際して前提条件がある場合には、その内容をご記入ください。

11.　本意向表明書提出時に行われた意思決定プロセスおよび今後必要となる意思決定プロセス

本意向表明書の提出にあたり貴社で行われた意思決定プロセス及び今後本件実施のために必要となる意思決定プロセスについてご記入ください。

12.　その他ご提案またはご要望事項

その他ご提案またはご要望事項がございましたらご記入ください。

以上

2020年○月○日

株式会社○○御中

住所

会社名

代表者名

意向表明書

拝啓　時下ますますご清祥のこととお慶び申し上げます。

さて、先般より検討させていただいております○株式会社（以下「対象会社」といいます。）の株式譲受（以下「本件取引」といいます。）に関して、当社の現時点での意向を以下の通り表明いたしますので、ご検討のほどよろしくお願いいたします。

敬具

記

1. 当社の概要

貴社の概要、事業内容等をご記入下さい。会社案内等のご提出も可能です。

また、譲受主体と異なる場合には、その旨もご記載ください。

2. 本件の目的等

本件に興味を持たれた理由、譲受けの目的、想定されるシナジー等をご記入ください。

3. 譲受希望株式数

譲受けを希望される株式数（割合や%のみでも結構です）についてご記入ください。

4. 譲受希望価格

貴社が希望する譲受希望株式数に対応する株式譲受希望価額をご記入ください。なお、レンジでの価格をご記入頂いた場合には、そのレンジ幅の最安値が貴社の株式譲受希望価額と考えさせて頂きます。

買主及び売主は、下記の基本日程を目標として本件を実行する。

記

令和○年　○月　○日　　　第5条に定める調査の実施

令和○年　○月　○日　　　最終契約書の締結

令和○年　○月　○日　　　本件株式譲渡

第５条（調査）

1 買主は、対象会社の事業及び財務内容の実在性・妥当性を検証するために、本合意書締結以降、買主または買主の指定する第三者（公認会計士、弁護士等を含む）による対象会社の調査（事業計画の検証、実地調査、インタビュー、会計帳簿その他の書類の閲覧、調査を含む。以下「本件調査」という。）を実施するものとする。なお、本件調査に関する費用は買主が負担するものとする。

2 本件調査の時期・項目・方法等については、別途買主売主間で協議の上決定するものとする。

第６条（善管注意義務）

売主は、対象会社をして、本合意書に別段の定めのある場合を除き、本件株式譲渡が実行されるまで、善良なる管理者の注意をもって対象会社の業務を運営させるものとし、対象会社において次の各号に掲げる行為その他対象会社の資産・財務内容に重大な変更を生じせしめる行為を行わせてはならないものとする。

①重大な資産の譲渡、処分、賃貸借

②新たな借入の実行その他の債務負担行為及び保証、担保設定行為

③新たな設備投資及び非経常的仕入行為

④非経常的な契約の締結及び解約、解除

⑤従業員の大幅な新規採用及び解雇

⑥対象会社の株式の譲渡承認

⑦増資、減資、株式分割

⑧合併、会社分割、株式交換・株式移転

⑨前各号の他、日常業務に属さない事項

第７条（従業員等の処遇）

買主は、本件株式譲渡後当分の間、対象会社が本件株式譲渡時点において雇用している正社員および嘱託社員の雇用を維持するとともに、本件株式譲渡時点の労働条件を実質的に下回らな

基本合意書

株式会社〇〇（以下「買主」という。）と〇〇（以下「対象会社」という。）の株主である〇〇（以下「売主」という。）は、買主が、対象会社の株式を譲り受けることによる対象会社の経営権委譲（以下「本件取引」という。）に関し、以下のとおり基本的な合意に達したので、ここに基本合意書（以下「本合意書」という。）を締結する。

第1条（目的）

本合意書は、買主、対象会社の一層の発展を目指し、対象会社の発行済み株式の全部を、売主が買主に対して譲渡することにより、対象会社の経営権を売主から買主に移転することを目的とする。

第2条（株式譲渡）

1 売主は、買主に対し、対象会社の発行済株式の全てである〇株（以下「対象株式」という。）を譲渡するものとし、買主は売主からこれを譲り受ける（以下「本件株式譲渡」という。）。

2 対象株式の譲渡価格は、金〇円とする。

また、第5条に規定する本件調査の結果、次の各号に掲げるような価格調整を行うべき必要性が生じたときは、買主及び売主は、協議のうえ上記の本件譲渡価額を変更することができるものとする。

① 役職員の継続勤務のために報酬給与の引き上げが即座に必要とされ大幅に利益が減少する場合

② 対象会社の〇年〇月期の予算達成の蓋然性が著しく低い場合

③ 対象会社の〇年〇月期の予算達成に際し追加で大幅な運転資金が必要となる場合

④ 著しい未払労務債務が存在した場合

⑤ 帳簿上資産に著しい含み損や偶発債務が存在した場合

第3条（最終契約書の締結）

買主及び売主は、本合意書に規定されたすべての事項が実施・確認され、本件取引に関する諸条件につき合意した後は、遅滞なく本合意書と同様の趣旨を骨子とした株式譲渡に関する具体的内容を定めた最終契約書（以下「最終契約書」という。）を締結するものとする。

第4条（最終契約書の締結）

①開示を受けた時点で、受領者がすでに保有していた情報
②開示を受けた時点で、既に公知であった情報
③開示を受けた後、受領者の責に帰さない事由により公知となった情報
④受領者が開示者の機密情報を利用することなく独自に開発した情報
⑤受領者が正当な権限を有する第三者より守秘義務を負うことなく開示を受けた情報
⑥法令、証券取引所の規則その他これに準ずる定めに基づき受領者に開示が要求された情報。ただし、当該要求を受けた受領者は、速やかに開示者に当該事実を通知するものとする。

第12条（費用）

本合意書に定める事項を実施するために要する一切の費用は、特段の合意がない限り、各当事者の負担とする。

第13条（合意管轄）

本合意書に関する一切の裁判上の紛争については、東京地方裁判所又は名古屋地方裁判所を第一審の専属管轄裁判所とする。

第14条（協議事項）

本合意書に定めのない事項及び本合意書の各条項に疑義が生じたときは、買主及び売主は、誠意をもって協議の上解決するものとする。

本合意書締結の証として本書2通を作成し、買主・売主は記名押印の上、各自1通を保有する。

令和○年○月○日

買主　：

株式会社

代表取締役

売主　：

代表取締役

いことを保証する。

第 8 条（解除権）

本合意書の有効期限以前といえども、売主及び買主に次の各号のいずれかに該当する事由が生じ、書面で催告後 10 日を経過するまでの日にこれが是正されない場合は、売主及び買主は、本合意書を解除することができる。

①相手方が本合意書に違反した場合（但し、本合意書に違反し、売主と買主との信頼関係が破壊された場合）

②相手方の故意または重過失により本合意書の目的が達成できない場合

第 9 条（有効期限）

1 本合意書は、令和◯年◯月◯日（以下「有効期限」という。）までに最終契約書が締結されなかったときは失効するものとする。この場合、買主及び売主は、相互に損害賠償責任を負わず一切の金銭等の請求を行わないものとする。

2 買主及び売主は、必要ある場合、合意により、前項の有効期限を延長することができるものとする。

3 第1項の規定に基づき本合意書が失効したときは、買主及び売主は、本合意書の締結・履行に関して相手方から受け取った資料の返還方法等につき、協議の上、定めるものとする。

第 10 条（優先交渉権）

売主は、本合意書第 9 条に規定する有効期限までは、買主に対し、株式の譲渡が円滑に進むよう買主を優先して取引の交渉及び情報の交換、連絡を行うこととする。ただし、第 2 条 2 項の株式譲渡価格が大きく修正される可能性があると売主が判断した場合は、この限りではない。

第 11 条（秘密保持）

買主及び売主は、次の各号に規定する情報を除き、相手当事者の事前の書面による承諾なしに、本合意書締結の事実及び本合意書の内容、並びに本件株式譲渡その他本合意書に関する一切の情報（以下、本条において「秘密情報」という。）について第三者に開示してはならない。但し、買主及び売主は、本合意書の目的達成のため合理的に必要な範囲で、弁護士、公認会計士、税理士、司法書士及びコンサルタントその他の専門家に対し、秘密保持義務を課した上で秘密情報を開示することができる。また、買主は本件取引に関する融資を打診する金融機関に対し、秘密保持義務を課した上で開示することができる。

条所定の売主の義務を履行するものとする。但し、売主は、その任意の裁量により、以下の各号の条件未成就を主張する権利を放棄することができる。

(1) 本締結日及びクロージング日において買主の表明保証違反が存在しないこと。

(2) 本締結日からクロージング日までに（クロージング日を含む。以下同じ。）買主による本契約の義務違反が存在しないこと。

(3) クロージング日までに、以下に掲げる書類が売主に交付されていること

a.　買主の印鑑証明書（3ヶ月以内に発行されたものに限る。）

第2.2条　（買主の義務の前提条件）

買主は、クロージング日において、以下の各号が全て満たされていることを条件として、第1.3条所定の買主の義務を履行するものとする。但し、買主は、その任意の裁量により、以下の各号の条件未成就を主張する権利を放棄することができる

(1) 本締結日及びクロージング日において売主の表明保証違反が存在しないこと。

(2) 本締結日からクロージング日までに売主による本契約の義務違反が存在しないこと。

(3) 本締結日からクロージング日までに対象会社の経営、財政状態、経営成績、信用状況等に重要な悪影響を及ぼす事態が発生していないこと。

(4) クロージング日までに、以下に掲げる書類が買主に交付されていること

a.　売主及び対象会社の印鑑証明書（3ヶ月以内に発行されたものに限る。）

(5) 売主が本契約に基づき本締結日以降クロージング日までに履行、遵守すべき義務・条件等を履行し、又はこれを充足していること

第3章　表明及び保証

第3.1条　（売主による表明及び保証）

売主は、買主に対し、本締結日及びクロージング日のそれぞれにおいて、以下の各事項の重要な部分について真実かつ正確であることを表明し、保証する。

(1)（権利能力）

売主は、日本法に基づき適法かつ有効に設立され、かつ存続する○○組合であり、現在行っている営業を行うために必要な権限及び権能を有している。

(2)（強制執行可能性）

本契約は、売主により適法かつ有効に締結されており、かつ両当事者により有効に締結された場合には売主の適法、有効かつ法的拘束力のある義務を構成し、法律、条例、命

株式譲渡契約書

○○○○（以下「売主」という。）及び○○○○（以下「買主」という。）は、【住所】を本店所在地とする○○○○株式会社（以下「対象会社」という。）の発行する株式の売主から買主への譲渡について、令和 ○年○月○日（以下「本締結日」という。）付けで、以下のとおり株式譲渡契約（以下「本契約」という。）を締結する。

第1章　株式の譲渡等

第1.1条　（本件株式の譲渡）

売主は、本契約の規定に従い、令和○年○月○日又は売主及び買主が別途合意する日（以下「クロージング日」という。）をもって、対象会社の発行済普通株式○○株すべて（以下「本件株式」という。）を買主に譲り渡し、買主はこれを譲り受けるものとする（以下「本件譲渡」という。）。

第1.2条　（譲渡価額）

1. 買主は、本契約の規定に従い、本件譲渡の対価（以下「本件譲渡価額」という。）として、金○○円（1株あたりの譲渡価額である○○円に本件株式の株式数○○を乗じた額）を売主に対して支払うものとする。
2. 前項に基づく本件譲渡価額の支払は、売主が別途指定する銀行口座に振込送金する方法により行われるものとする。振込送金にかかる費用は、買主が負担するものとする。

第1.3条　（クロージング）

売主及び買主は、クロージング日に、別途合意する時間及び場所において以下の各事項を履行する（以下「クロージング」という。）ものとする。但し、第1号及び第2号は同時に履行するものとする。クロージングにより、本件株式に係る権利は、売主から買主へと移転する。

(1) 売主による本件株式の株主名簿上の名義を売主から買主に書き換えるために必要な株式名義書換請求書の買主への引渡し

(2) 買主による前条に基づく売主に対する本件譲渡価額の送金

第2章　前提条件

第2.1条　（売主の義務の前提条件）

売主は、クロージング日において、以下の各号が全て満たされていることを条件として、第1.3

を構成し、法律、条例、命令、政令、省令、規則その他の法的拘束力を有する規範（以下「法令等」という。）又は信義則によりその履行の強制が制限される場合を除き、その各条項に従い、買主に対して執行可能である。

(3) 買主による本契約の締結及び履行は、(i)法令等に対する違反を構成するものではなく、(ii)買主が当事者となっているか又は買主若しくは買主の財産を拘束する契約等について、債務不履行事由等を構成するものではなく、かつ、(iii)司法機関又は行政機関等の判断等に対する違反を構成するものではない。

第4章　遵守事項

第4.1条　（善管注意義務等）

1. 売主は、本締結日からクロージング日までの期間、善良なる管理者の注意をもって、対象会社をして、本締結日以前と実質的に同一かつ通常の業務の方法により、業務の執行及び財産の管理・運営を行わせるものとし、本契約に定める場合及び買主の事前の書面による承諾のある場合を除き、通常の業務以外の業務執行を一切行わせないものとする。
2. 売主は、本締結日からクロージング日までの間に、対象会社に新株又は新株引受権、新株引受権付社債、転換社債、ストックオプション、新株予約権等の潜在株式を発行させず、または、自ら対象会社の新株又は新株引受権、新株引受権付社債、転換社債、ストックオプション、新株予約権等の潜在株式の割当を受けない。

第4.2条　（本件譲渡の承認）

売主は、本締結日からクロージング日までの期間に、対象会社をして、本件譲渡を承認する手続きを適法に行わせるものとする。

第5章　補償

第5.1条　（売主による補償）

1. 売主は、自らの表明保証違反（当該違反につき相手方において合理的に知り得たものを除く。また、クロージング後は、クロージング日における表明保証違反に限る。）、又は、本契約に基づきクロージング日までに履行又は遵守すべき義務の違反に起因して買主に損害を被らせた場合には、当該損害（弁護士費用等を含む。）を○○円を上限として賠償する義務を負うものとする。なお、かかる場合における損害賠償義務は、単一の事実に基づく請求の合計額が金○○円以上となる場合に限り認められるものとする。

令、政令、省令、規則その他の法的拘束力を有する規範（以下「法令等」という。）又は信義則によりその履行の強制が制限される場合を除き、その各条項に従い、売主に対して執行可能である。

(3)（法令等との抵触の不存在）

売主による本契約の締結及び履行は、(i)法令等に対する違反を構成するものではなく、(ii)売主が当事者となっているか又は売主若しくは売主の財産を拘束する契約等について、債務不履行事由等を構成するものではなく、かつ、(iii)司法機関又は行政機関等の判断等に対する違反を構成するものではない。

(4)（本件株式の帰属）

売主は、本件株式を適法かつ有効に保有し、かつ、処分権限を有しており、また、対象会社の株主名簿上の株主である。

(5)（対象会社に関する事項）

(i)　（設立及び存続）

対象会社は、日本法に基づき適法かつ有効に設立され、かつ存続する株式会社であり、現在行っている事業を行うために必要な権限及び権能を有している。

(ii)　（倒産手続）

対象会社に関して、法的整理手続の開始の申立は行われておらず、かかる申立の原因は存在しない。

(iii)　（株式）

対象会社の発行済株式は、対象会社発行済全株式のみであり、そのすべてが適法かつ有効に発行され、全額払込済みである。対象会社発行済全株式を除き、対象会社の株式、新株予約権、新株予約権付社債、オプション、その他の株式に転換できる権利（以下「潜在株式」という。）は発行されていない。

第3.2条　（買主による表明及び保証）

買主は、売主に対し、本締結日及びクロージング日のそれぞれにおいて、以下の各事項の重要な部分について真実かつ正確であることを表明し、保証する。

(1)　買主は、日本法に基づき適法かつ有効に設立され、かつ存続する株式会社であり、現在行っている営業を行うために必要な権限及び権能を有している。

(2)　買主は、本契約の締結及び履行のために必要とされる全てのその他の手続を有効かつ適正に履践しており、又はそれらの手続を、本契約又は法令若しくは規則等に定められた期限までに完了する。本契約は、買主により適法かつ有効に締結されており、かつ両当事者により有効に締結された場合には有効かつ法的拘束力のある義務

第6.2条　(解除)

1. 売主又は買主は、以下の各号に掲げるいずれかの事由又は事象が生じた場合には、クロージング日までに限り、相手方への書面による通知により、本契約を直ちに解除することができる（ただし本項第(3)号の場合は、売主のみ解除できる。)。
    (1) 相手方に重大な表明保証違反があることが判明し、その結果本契約の目的を達成することが困難となった場合。
    (2) 相手方に本契約を継続し難い重大な義務の違反があり、書面による催告にもかかわらず10営業日以内に当該違反が是正されない場合。
    (3) 買主が本件譲渡を　○年○月○日までに実行しない場合
    (4) 相手方に対し破産手続開始、民事再生手続開始、会社更生手続開始、特別清算開始その他これらに類する手続の申立てがなされた場合又は私的整理手続が開始された場合。
2. 売主又は買主が、本契約に違反することで相手方に損害、損失、費用を生じさせた場合（クロージング日までに本件譲渡が成立しない場合を含む）は、その損害を賠償する責を負う。前項に基づく解除は、損害賠償の請求を妨げない。
3. 本契約の解除は、本条に従ってのみ可能であり、売主及び買主は、本条に基づく場合を除き、債務不履行責任、瑕疵担保責任、その他法律構成の如何を問わず、本契約を解除できないものとする。

第7章　一般条項

第7.1条　(費用負担)

本契約において別段の定めがある場合を除き、本契約の締結及び履行にかかる費用（ファイナンシャル・アドバイザー、弁護士、公認会計士、税理士及びその他アドバイザー等にかかる費用を含むが、これらに限られない。）については、各自の負担とする。

第7.2条　(秘密保持義務)

1. 売主及び買主は、秘密情報（次項において定義する。）を本契約の目的のためにのみ使用し、そのために必要な最小限度の内容及び範囲内で自己の役員、従業員、アドバイザー（ファイナンシャル・アドバイザー、弁護士、公認会計士及び税理士を含むが、これらに限られない。）若しくは代理人（以下、これらの者を総称して「役員等」という。）に開示する場合を除いては、厳に秘密を保持し、相手方の事前の書面による同意なく秘密情報を第三者に開示又は漏洩してはならないものとする。

2. 前項に基づく補償は、本契約上別段の定めがない限り、買主がクロージング日から1年以内に書面によりその旨を通知した場合に限り行われるものとする。

第5.2条　（買主による補償）

1. 買主は、自らの表明保証違反（当該違反につき相手方において合理的に知り得たものを除く。また、クロージング後は、クロージング日における表明保証違反に限る。）、又は、本契約に基づきクロージング日までに履行又は遵守すべき義務の違反に起因して売主に損害を被らせた場合には、当該損害（弁護士費用等を含む。）を賠償する義務を負うものとする。
2. 前項に基づく補償は、本契約上別段の定めがない限り、売主がクロージング日から1年以内に書面によりその旨を通知した場合に限り行われるものとする。

第5.3条　（その他の請求の遮断）

売主及び買主による表明保証違反並びに売主及び買主によるクロージング日までの義務違反（但し、故意又は重過失による場合を除く。）に基づき売主及び買主に生じる損害の相手方に対する請求は、それぞれ第5.1条及び第5.2条に従ってのみ可能であり、これらの規定に基づく補償の請求を除き、債務不履行責任、瑕疵担保責任、不法行為責任その他法律構成の如何を問わず、相手方に対して損害の補償、賠償等を請求することはできないものとする。

第6章　契約の終了に関する事項等

第6.1条　（本契約の終了）

1. 本契約は、以下の各号に掲げる場合にのみ終了するものとする
   (1) 売主及び買主が、書面で本契約の終了につき合意した場合。
   (2) 本契約第6.2条に基づき本契約が解除された場合。
2. 売主及び買主は、本契約に別途定める本契約の終了により、終了時においてすでに本契約に基づき発生した義務・責任又は終了前の作為・不作為に基づき終了後に発生した本契約に基づく義務・責任を免除されるものではなく、また、本契約の終了は、本契約終了後も継続することが本契約に意図されている一方当事者の権利、責任又は義務には一切影響を及ぼさないものとする。
3. 本契約の終了にもかかわらず、前項及び本項、第6.2条（解除）乃至第7.11条（一般条項）の効力は存続するものとする。

第7.4条　（契約上の地位又は権利義務の譲渡の禁止）

本契約において別段の定めがある場合を除き、各当事者は、本契約上の権利・義務及び本契約上の地位を、相手方の書面による事前の同意なしに、第三者に譲渡その他移転しないものとする。

第7.5条　（完全合意）

本契約は、本契約の主題事項に関する当事者間の完全な合意及び了解を構成するものであり、書面によるか口頭によるかを問わず、かかる主題事項に関する当事者間の本契約締結前の全ての合意及び了解に取って代わるものとする。

第7.6条　（誠実協議）

売主及び買主は、本契約に定めのない事項、又は本契約に定める事項もしくは今後合意される事項に関する疑義については、誠意をもって協議の上、これを解決するものとする。

第7.7条　（準拠法）

本契約の準拠法は日本法とし、日本法に従って解釈されるものとする。

第7.8条　（管轄裁判所）

売主及び買主は、本契約に起因又は関連して生じた一切の紛争については、誠実に協議することによりその解決に当たるものとするが、かかる協議が調わない場合には、東京地方裁判所を第一審の専属的合意管轄裁判所として裁判により最終的に解決するものとする。

以上、本契約成立の証として、本書２通を作成し、売主及び買主それぞれ記名捺印の上、各１通を保有する。

令和○年○月○日

売主：

買主：

2. 本条において「秘密情報」とは、(a)本契約の内容及び(b)本契約の交渉過程、本契約の締結若しくは履行又は対象会社による事業開始の準備に関連して知り得た相手方若しくは対象会社に関する情報をいう。但し、対象会社に関する情報は、クロージングが完了するまでの間並びに本契約が終了した後は、売主との関係では秘密情報に含まれないものとする。

3. 前項の規定にかかわらず、以下の各号のいずれかに該当する情報については、秘密情報から除外されるものとする。

(1) 受領の時点で、既に公知の情報。

(2) 自らの責によらずに公知となった情報。

(3) 受領の時点で既に正当に保有していた情報。

(4) 正当な権限を有する第三者から秘密保持義務を負うことなく適法に入手した情報。

(5) 受領情報によらず、自らが独自に開発又は発明した情報。

4. 売主及び買主は、本条第1項に従い、自己の役員等又は第三者に秘密情報を開示する場合、当該役員等又は当該第三者に対して本条に基づく秘密保持義務を遵守させるものとし、当該役員等又は当該第三者の秘密保持義務違反について、一切の責任を負うものとする。

5. 本条第1項乃至前項の規定にかかわらず、秘密情報について、裁判所、監督官庁、その他の司法機関・行政機関から適法に開示を求められた場合その他法令又は金融商品取引所若しくは証券業協会の規則により開示義務を負う場合には、本契約の当事者は、法令又は規則上必要とされる最小限度の内容及び範囲内で、当該開示を行うことができる。但し、かかる開示義務を負う当事者は、当該開示前に、相手方にその旨を書面により通知し、かつ、秘密情報の秘密が保持されるよう最善の努力をするものとし、仮に開示前に書面により通知できなかった場合には、開示後遅滞なく書面により通知するものとする。

6. 売主及び買主は、本条第2項但書に定める場合を除き、本契約の終了日から3年が経過するまでの期間、秘密情報につき本条に基づく秘密保持義務等を引き続き負うものとする。

第7.3条　（公表）

売主及び買主は、本契約の締結、内容その他本契約において企図された取引に関する公表（プレスリリースを含む。）及び自己又は対象会社の従業員への説明については、別途売主及び買主が協議の上合意した内容、時期及び形式のもとに行うものとする。但し、法令又は金融商品取引所の規則により必要とされる場合において、あらかじめ相手方に通知した上で合理的な範囲で公表を行う場合は、この限りでない。

支払義務のないものである。また、いずれも先取り特権やその他の権利あるいは法律の要件に違反して発行されたものではない。

11　売主は、なんらかの提携企業の議決権株式その他の株式の実質的また記録上の所有者ではなく、直接的にも間接的にも所有する義務を有しない。売主が直接的または間接的に支配するいずれかの企業、提携企業、合弁企業、協力企業その他の企業は存在しない。

12　売主は、株主名簿に名前を登録した売主の株の合法的、実質的所有者である。

13　売主は、本契約の条件に基づいて本契約を履行し、本契約に定める義務を遂行して、本契約が意図する取引を完了するために必要なすべての権能、権限、資格を有している。本契約は、売主によって正当に締結および発効され、本契約の条件に基づき、各契約当事者に対し、法律上の、正当かつ拘束的な義務を発生させる。売主が本契約を締結し、履行すること、または売主が本契約の取引を完了することで、次の事項が発生することはない。

⑴　売主が当事者となっている資産が対象となっている法的に拘束されているいずれかの法律文書、契約書、抵当証書、信託証書、約定書、賃貸借契約書、判決、命令、差し止め命令、行政命令、法律その他規制、または、売主に適用されるなんらかの法律または規制、の全てまたは一部について、違反、相反、条件変更、不履行または前倒しが生じること（または通知や時間の経過、あるいはその両方をもって、いずれかの当事者に不履行または前倒しを宣言する権利を与えること）。ただし、売主の業務成績や財務状況に重大な悪影響を与えない違反、相反、条件変更、不履行または前倒しを除く。
⑵　いずれかの裁判所、行政機関、規制機関、あるいは売主の債権者、あるいは他の第三者または第三者企業の承認、同意、許可が必要となり（既に取得済みのものは除く）、それを怠ると売主の業務成績や財務状況に重大な悪影響を与える可能性を生じること。
⑶　いずれかの法律文書、契約書、抵当証書、信託証書、約定書、賃貸借契約書、判決、命令、差し止め命令、行政命令、法律に基づく権利をいずれかの第三者に与え、それらに起因し、売主の権利を解除、修正、変更せしめること。
⑷　売主の財産や資産のいずれかに負債が生じること。

14　債務の完全開示、引当金の妥当性
⑴　売主はいずれも、一般的な業務過程で生じるものか否かを問わず、直接的または非直接的、満期または未満期、絶対的または偶発的な債務や義務、あるいは売主に何らかの債務を

別紙「売主の表明及び保証」

1　売主の株式につき、いかなる第三者も、ストックオプション、新株予約権、その他の方法で、売主の株式を取得する権利を有しない。

2　買主に提出した売主の財務諸表の内容が、真実かつ適正であり、丙及び売主の貸借対照表に計上されていない保証債務等、簿外の債務が存在しない。

3　令和 ○年○月○日以降、売主の財務または資産の状況、経営成績等に重大な悪影響を及ぼす恐れのある事由が生じていない。

4　売主に、その従業員に対する未払いの給料、時間外手当、社会保険料などの労働契約に関する重大な債務（弁済期が未到来のものを除く。）は存在しない。

5　売主の所有または賃借する土地や建物に、有害物質による重大な汚染は無い。

6　売主が、第三者の特許権、実用新案権、商標権、意匠権、著作権等を侵害していない。

7　売主は、丙が第三者から訴訟その他重大なクレーム等を受けておらず、また、合理的に予見される範囲内での紛争も存在しないため、売主に帰属する可能性のある重大な債務が存在しない。

8　売主は、日本法の下に正当に設立され有効に現存する法人である。これまで、売主は、各々の資産を所有し、事業を遂行するために会社として必要なすべての権能と権限を常に有してきた。事業を行うための資格を取得することを怠った場合、かかる事業の遂行に負の影響が生じる可能性があるすべての司法管轄地域において、売主は、事業を行うための正式な資格と認可を取得している。

9　売主の商業登記簿謄本は、完全かつ最新のものであり、本契約日時点におけるそれぞれの会社の真実かつ正確な情報を反映している。

10　売主の授権株式数と発行済株式数は、商業登記簿謄本に記載された通りである。売主の発行済株式は、正当に授権され、かつ有効に発行されたものであり、完全に支払済みで、かつ追加規制に違反をしている旨の通知を受けていない。

(4) 売主が所有または賃借する資産は、業務の遂行に使用されるすべての資産を構成する。

16 税金

(1) 令和〇年〇期において売主が行政機関へ提出すべき納税申告、報告書、および申告書のすべては、遅滞なく提出され、あらゆる重大な点において正確であり、その期間において支払うべきすべての税金を開示している。売主が支払うべきすべての税金は、遅滞なく正当に支払われ、未払い分については未払い費用として適切に計上している。法律の定めにより売主が天引きまたは徴収すべき税金への支払金は、すべて正当に天引きまたは徴収され、遅滞なく適切な行政機関に既に支払われた（あるいは支払われる）。前述の納税申告の遅れに関連して現在課されている、または将来課される罰則金その他の課徴金は存在しない。(a) 前述の納税申告、報告書および申告書に関連して、行政機関から修正を求められた点は無く、財務報告書の訂正もなかった。(b) 売主に対して指摘された申告漏れは無いと認識している。(c) 売主の納税申告に対する特別監査は行われていない。(d) 売主が提出すべき納税申告の提出日の延長は行われてない。(e) 税金の申告または支払日の延長について、売主による免責または合意は存在しない。売主が支払うべき当期税および繰延べ税のために計上された準備金は、引受日を経てそれらの支払を行うために十分な金額であり、また、紛争のある無しにかかわらず、売主が遂行する事業に関連して今後判明する可能性のある、または既に判明した罰則金や利息分も含んでいる。

(2) 本契約において、「税金」とは、直接徴収または源泉徴収にかかわらず、行政機関によって課されるすべての収入税、総受取金税、消費税、売上税、使用税、雇用税、営業税、利得税、固定資産税、物品税、付加価値税、贈与税、その他の税金、輸入税、手数料、印紙税、あるいはこれらに類似する賦課金または料金に、いずれかの税当局によって課される利息や罰則金、付帯税や増差税額などがあればそれを合算したものを意味する。

17 貸借対照表日付に続く後発事象

令和〇年〇月〇日貸借対照表日付以来、売主における業務内容、財務状況、経営内容、業績、または財務予測についての重大な変化はない。上記の一般性を制限することなく、貸借対照表日付以来、次の各事項は発生していない。

生じさせる状況、条件、事象、取り決めの存在を認識していない。ただし次を除く。

ア　財務報告書に記載された債務や義務のうち、これまでに支払または免責されていないもの

（これらの債務のいずれも財務報告書に記載された金額を超えない）。

イ　本契約または一般的な業務過程に基づいて生じた負債や義務、あるいは提出された財務報告書に明記されたいずれかの合意、契約、約定、賃貸または計画によって生じたその他の債務。

ウ　財務報告書に定める債務または義務。

なお、「債務」とは、不変または可変、既知または未知、断定または非断定、確定または未確定、満期または非満期、流動または非流動、絶対または偶発、担保または無担保を問わず、あらゆる性質の、直接的または非直接的な負債、支払保証、裏書、賠償金、損失、損害、欠損、費用、支出、義務または責任を意味する。

(2)　財務報告書の貸借対照表の各日付において、財務報告書に記載されたすべての引当金および準備金は、意図された目的にとって妥当かつ慣例的である。

15　財産および資産の所有権および状況

(1)　売主は、次に対して、有効かつ取引に適合した所有権を有する。

株券の質権設定と法定担保権や財務報告書に注記されたものを除き、あらゆる抵当権、担　保権、質権、賦課金または債務がなく、有形または無形、不動産または動産の形で所有され、それぞれの業務に使用されるすべての財産や資産。

(2)　売主が借主となる、業務の遂行に必要な動産または不動産の賃借契約のすべては効力を維持しており、売主が知る限りにおいて、それらの賃借契約には、契約不履行あるいは、通知または時の経過またはその両方によって契約不履行を生じさせる状況、事象、作用は存在しない。

(3)　売主が所有または使用する財産または資産に関連して、売主は、業績や財務状況に重大な悪影響を与えるような、既存法、または建築法、調整区域法、公衆衛生法その他の条例や

⑽ 売主が、知的財産に関するいずれか権利についての実施権または再実施権を許諾すること。本書において「知的財産」とは、以下の全てを含む。(a) すべての発明（特許性の有無、実用性の有無を問わず）、発明への改良、および再出願、継続出願、一部継続出願、改訂、延長出願、再審査出願を含むすべての特許、特許出願、特許開示情報。(b) 翻訳版、改作版、派生版、複合版を含むすべての商標、職章、トレードドレス、ロゴ、商号、会社名、およびそれらに付随する営業　上の信用、ならびにそれらに関連するすべての申請、登録、更新。(c) 著作権で保護されるべきすべての作品、すべての著作権、それらに関連するすべての申請、登録、更新。(d) すべてのマスクワークおよびそれに関連するすべての申請、登録、更新。(e) すべての営業秘密および企業秘密情報（着想、研究開発、ノウハウ、数式、配合、製造工程、技術、技術データ、設計、図面、仕様、顧客リスト、供給会社リスト、価格設定情報、コスト情報、事業計画、マーケティング計画、提案書を含む）。(f) すべてのコンピュータ・ソフトウェア（データや関連文書を含む）。(g) その他すべての所有権。(h) 前述すべての写しおよび有形の実施物（形式や媒体を問わず）。

⑾ 令和〇年〇月〇日以降売主の商業登記簿謄本記載に何らかの変更をすること、または変更を許可すること。

⑿ 売主が、いずれかの株式を発行、売却、処分すること、または株式を購入または取得するためのオプション、保証、その他の権利を付与すること（転換時にそれらを交換または行使する権利を含む）。

⒀ 売主が、令和〇年〇月〇日以降、その株式について、現金その他による配当金または何らかの分配金についての言明、予算配分、支払いを行ったり、その株式のいずれかを、償還、購入、またはその他の方法で取得したりすること。

⒁ 売主の不動産が、保険の有無に関わらず、著しく損傷、破損、喪失していること。

⒂ 売主が、過去の慣例に矛盾する形で、その取締役、顧問、および従業員に何らかの新規融資を行うこと、または新規取引契約を締結すること。

⒃ 売主が、過去の慣例に矛盾する形で、その取締役、管理職および一般従業員に対し、その基本報酬の増額を承認すること。

⑴　売主が、一般的な業務過程における適切な約因に寄らずして、重要な有形または無形の資産のいずれかを売却、賃貸、移転、譲渡すること。

⑵　売主が、300 万円または一般的な業務過程の範囲を超えて、何らかの契約、賃貸契約またはライセンス契約（または一連の相互関連的な合意、契約、賃貸契約、ライセンス契約）を締結すること。

⑶　売主が当事者となっている、または法的に拘束を受けている 300 万円以上の契約、賃貸契約またはライセンス契約（または一連の相互関連的な契約、賃貸契約、ライセンス契約）について、売主を除くいずれかの当事者が、それらを前倒し、終結、修正、解除すること。

⑷　売主が、一般的な業務過程において生じた法定担保権以外に、有形または無形の資産に、資金借り入れに関連しない担保権、抵当権、質権を設定すること。

⑸　売主が、300 万円または一般的な業務過程の範囲を超えて、何らかの資本支出（または相互関連的な一連の資本支出）を行うこと。

⑹　売主が、300 万円または一般的な業務過程の範囲を超えて、第三者または第三者企業への資本投下、融資、債権や資産の取得（または相互関連的な一連の資本投下、融資、取得）を行うこと。

⑺　売主が、300 万円または一般的な業務過程の範囲を超えて、何らかの手形、社債、その他の債権証券（金融取引ではなく商取引において発行された約束手形を除く）を発行すること、または、借入金または資本化されたリース債務のために何らかの債権を設定、保証すること。

⑻　売主が、一般的な業務過程の範囲を超えて、買掛金その他の債務の支払を遅延または延期すること。

⑼　売主が、300 万円または一般的な業務過程の範囲を超える何らかの権利や請求権（または相互に関連する一連の権利や請求権）の解除、譲歩、放棄、免除を行うこと。

21　違反、訴訟、または規制措置

(1)　売主は、会社自体、またはその業務、運営、資産、不動産を対象としていずれかの政府機関が発する使用許諾、許認可、認証、法律、条例、規制、規則、行政指導、禁止命令、判決、規約、裁定、命令（総称して「法的要件」とする）のすべての重要な点に準拠し、違反していない。

(2)　売主による何らかの法的要件違反に対する警告や、何らかの措置の必要性、または、売主が所有または使用しているいずれかの不動産または個人資産の変更の必要性を告げる通知は、売主にも提出されていない。

(3)　国内外、または何らかの仲裁人の有無に関わらず、現在係争中の裁判、訴訟、審理、申し立て、捜査は存在せず、また売主が知る限りにおいて、売主の財産や資産に対してそのような脅威は存在しない。

22　会計帳簿

売主の会計帳簿は、公正な商慣行や適用法、規制、会計要件に基づいて作成され、有効な取引のみを反映し、重要な部分において正確で、かつ売主の財務状況や業績を、すべての重要な要素において正しく反映している。

23　開示

本契約書、または本契約に基づいて買主に提出される文書に記載された売主の表明保証、本契約に関連して、売主、あるいはそれらの代理人が買主に提出した他の情報または文書のいずれも、すべての重要な点で虚偽や語弊はなく、記載すべき事実を省略していない。現在のところ、本契約書に記載されていない何らかの重要な点において、売主の経営状況に悪影響をもたらす事実は存在しておらず、また、売主が妥当に予測できる範囲において、将来、悪影響を発生させるような事実は存在しない。

24　その他

買収監査の結果を踏まえて、売主および買主が誠実に協議の上定めた事項。

⒄ 売主が、令和○年○月○以降に、その取締役、管理職および一般従業員を対象とした何らかの賞与、利益分配、インセンティブ、退職金、あるいはその他のプラン、契約または態度表明を、過去の慣例に矛盾する形で採用、改訂、修正、または解除すること。

⒅ 売主が、過去の慣例に矛盾する形で、その取締役、管理職および一般従業員の雇用条件に何らかの変更をすること。

⒆ その他、売主に関連する、一般的な業務の範囲を超えた重大な出来事、事象、事件、行為、行為の不履行、または取引が発生すること。

⒇ 売主が、前述のいずれかに関係すること。

18 知的財産

売主は、売主が知る限りにおいて、売主による当該知的財産の使用は、いかなる第三者または第三者企業の権利も侵害しない。

19 労働組合

売主の従業員は、労働組合を組織していない。売主または売主丙のいずれも、売主の従業員を組織する、または代表する試みが存在すると認識していない。売主の従業員のいずれも、外部労働組合に加入していない。著しく不公正な労使慣行、または売主に対する申し立て、ストライキ、作業休止、陳情その他の労使紛争は存在しておらず、また、売主または売主丙が知る限りにおいて、そうした脅威も存在しない。

20 保険

売主が加入している、または受取人となっているすべての生命保険、火災保険、災害保険、損害賠償保険、車両保険その他の保険証書はすべて、完全に効力を保持している。売主は、保険証書に記載されたいずれかの条項に対する不履行はなく、保険証書に基づく通知や請求を適宜、遅滞なく行ってきた。売主が知る限りにおいて、保険申込書の記載は正確であり、保険料の支払は期日どおりに行われており、保険契約の解除に結びつくような同様の事実は存在しない。

[著者]

三戸政和（みと・まさかず）

日本創生投資代表取締役CEO。1978年兵庫県生まれ。同志社大学卒業後、2005年ソフトバンク・インベストメント（現SBIインベストメント）入社。ベンチャーキャピタリストとして日本やシンガポール、インドのファンドを担当し、ベンチャー投資や投資先にてM&A戦略、株式公開支援などを行う。2011年兵庫県議会議員に当選し、行政改革を推進。2014年地元の加古川市長選挙に出馬するも落選。2016年日本創生投資を投資予算30億円で創設し、中小企業に対する事業再生・事業承継に関するバイアウト投資を行っている。著書に『サラリーマンは300万円で小さな会社を買いなさい』『サラリーマンは300万円で小さな会社を買いなさい　会計編』（共に講談社＋α新書）、『資本家マインドセット』（幻冬舎）、『営業はいらない』（SB新書）がある。

サラリーマンがオーナー社長になるための

企業買収完全ガイド

――起業よりも簡単！　独立できて低リスク

2020年5月27日　第1刷発行

著　者――三戸政和

発行所――ダイヤモンド社

〒150-8409　東京都渋谷区神宮前6-12-17

http://www.diamond.co.jp/

電話／03･5778･7234（編集）　03･5778･7240（販売）

装丁――――大場君人

DTP――――荒川典久

編集協力――小蔦康二郎

校正――――久高将武

製作進行――ダイヤモンド・グラフィック社

印刷――――八光印刷（本文）・新藤慶昌堂（カバー）

製本――――本間製本

編集担当――田口昌輝

ISBN 978-4-478-11082-9